원만이의 편지 _ 2

해가 지니 달이 뜨네

해가 지니
달이 뜨네

원만이의
편지 _ 2

박덕희 지음

여는 글

돌아보니 '원만이의 편지'를 처음 쓴 것은 2013년 8월 20일입니다. 당시 근무지였던 원남교당 교도님들과 주위 인연에 카톡으로 가벼운 안부를 전하고 싶은 마음으로 시작했습니다. 처음엔 매우 짧고 소박했던 글이 점점 분량도 늘어났고 다양한 내용이 담아졌습니다. 그렇게 무려 10년 동안 '원만이의 편지'라는 이름으로 전달되었습니다.

원남교당 4년 근무를 마무리하면서 그동안의 편지를 모아『마음 클리너』(2017, 동남풍)라는 제목으로 출간했습니다. 이후로도 편지는 계속되었고, 이문교당 근무가 마무리되는 2022년 11월 11일에 마지막 편지를 보냈습니다. 헤아려보니 총 500여 통의 글이 쌓였습니다. 특히 이문교당에서 보낸 교화 6년은 '교당신축불사'를 위한 천일기도로 꽉 채워진 행복하고 감사한 날들이었습니다.

저에게 '원만이의 편지'는 교화 일기이고 수행 일기입니다. 매주 1통의 편지를 쓴다는 것이 쉽지 않은 일이었지만, 깨달음과 실행을 위한 몸부림이었고, 한편으로는 기쁨과 보람의 긴 여정이었습니다.

그냥 묵혀 두기엔 왠지 아깝고 아쉬움이 남을 것 같아 책으로 묶어 보기로 용기를 냈습니다. 최소한 '원만이의 편지'와 함께했던 나의 좋은 인연들에게 작은 선물이라도 되고 싶었습니다.

이번 책은 세 가지 제목으로 꾸며 보았습니다. 첫 번째는 『해가 뜨니 달이 지네』, 두 번째는 『그래도 꽃은 피어나고』, 세 번째는 『자나 깨나 쉬임 없이』입니다. 책 제목은 편지글 제목 중에서 그냥 마음 닿는 대로 선정한 것입니다. 정해놓고 보니 나름 운치도, 깨달음의 향기도 묻어나는 것 같습니다. 마지막 '자나 깨나 쉬임 없이' 제목은 저의 공부 표준이면서 염원이 담겨 있습니다.

평화교당 3층 생활관에서 바라본 새벽하늘은 청명하기에 그지없습니다. 새소리, 바람 소리, 동쪽 하늘에 물드는 여명까지. 평화한 마음으로 평화 세상을 위해 기도 올립니다.
오늘도 내 마음에 평화가 깃들기를, 온 세상에 은혜의 꽃이 활짝 피어나기를….

지금까지 깊은 애정으로 '원만이의 편지'를 읽어주시고 답글을 주신 분들에게 깊이 감사드립니다. 마지막으로 사랑하는 가족, 그리고 원남교당, 이문교당, 평화교당 교도님들께 감사의 마음을 전합니다.

전산 박덕희 교무 합장

차례

004 여는 글

하나, 구부러진 길이 좋다

013 오우가五友歌
016 내가 만약 괴로울 때면
018 블랙[Black]
021 구부러진 길이 좋다
023 돌부처[Stone Buddha]
025 샘터
027 부러워하면 지는 거야
029 잘려 나간 감나무
031 THINK TO ACT
033 업業의 입력과 출력
035 감사 Cafe
037 마음 사진 찍기
039 도전! 자유여행
041 미운 사람 꼴 보기
043 걱정 말아요, 그대
045 너라는 그늘에 들어서니, 나는 바람이 되고
047 우산 챙김, 마음 챙김
049 나쁜 기억 지우기
051 내 고향 장수, 귀향
053 가을 단상
055 원불교는 평화입니다
057 내가 염색하는 이유

둘, 나 홀로 교당에

- 061 홀로 즐기는 커피 한 잔의 여유
- 063 밥 딜런[Bob Dylan]
- 065 영화 원스[Once]
- 067 감 따는 날
- 069 "엄마"
- 071 가을 은행잎 단상斷想
- 073 불보살의 살활자재殺活自在
- 075 비상구[Emergency Exit]
- 077 끼어들기
- 079 오늘의 책은, 산책
- 081 몸살감기
- 083 Good Bye 2016
- 086 버리고 떠나기
- 088 헤어짐과 만남
- 090 나 홀로 교당에 [Kyodang Alone]
- 093 환승換乘 - 갈아타기
- 095 요중선鬧中禪
- 097 그래도
- 100 소음 민원
- 102 꿈속의 꿈
- 104 연속극
- 106 밥 짓는 냄새

셋, 가라앉아야 맑아진다

- 111 아름다운 퇴임식
- 113 사일런스[Silence]
- 116 배봉산 산책
- 118 남의 허물, 나의 허물
- 120 『마음 클리너』 출간
- 122 된다. 된다. 하면 된다
- 124 꽃 피는 봄, 대각을 이루시다
- 126 지도자의 덕목
- 128 가족법회, 효孝 콘서트
- 130 교무훈련 중
- 132 먹는 선, 선식禪食
- 134 타는 목마름
- 136 이 일을 어찌할꼬
- 138 화장실 전등 끄기
- 140 마음의 문을 여세요
- 142 급히 말고 쉬지 말고
- 144 호박 한 덩이
- 146 가라앉아야 맑아진다
- 148 지금, 이 순간
- 150 내려놓기
- 152 습관이 행복한 사람이 행복하다
- 154 종합건강검진
- 157 버림과 바침

넷, 꿈이 이루어지는 길

- 159 조금만 올라가면 됩니다
- 162 이 또한 지나가리라
- 164 페이스메이커[pacemaker]
- 166 도반道伴
- 168 법신불 사은님의 뜻
- 170 가을 편지
- 172 귀성, 귀경
- 174 남한산성
- 176 한 송이 국화꽃을 피우기 위해
- 179 탁밧[Tak Bat]
- 182 가을의 기도
- 184 곶감을 깎으며
- 186 운칠기삼運七技三
- 188 언어의 온도
- 191 마지막 달력을 마주하며
- 195 꿈이 이루어지는 길
- 197 잔액이 부족합니다
- 199 명대실소 후무가관 名大實小 後無可觀
- 201 참회의 기도
- 203 신과 함께 - 죄와 벌
- 206 그림자놀이
- 209 날마다 좋은 날, 날마다 생일
- 211 무한 리필
- 213 미세먼지
- 216 거울은 먼저 웃지 않는다
- 218 설 명절 인사
- 220 평창 동계올림픽
- 222 봄이 오는 소리
- 224 반가사유상半跏思惟像
- 227 이웃 효과[neighbor effect]
- 229 지하철에서 본 두 신자
- 231 네가 그 봄꽃 소식해라
- 233 회복탄력성[resilience]
- 236 소유 말고 공유
- 239 쓰레기 불법 투척
- 241 평화의 염원
- 244 가족이라는 인연

다섯,
나는 너를 믿는다

249 나는 너를 믿는다
252 허공 꽃이
    어지럽게 떨어지다
254 멈추면,
    비로소 보이는 것들
256 우리가 만난 기적
258 참, 하기 어려운 충고
261 전생이 있나요?
263 어제의 당신에게
    지지 마세요
265 혼자 있으면 외롭고
    둘이 있으면 괴롭다
267 오면 간다, 주면 받는다
269 바람은 보이지 않지만
271 소·나·기
273 폭염과 피서
275 극하면 변한다
277 1도 차이
279 신과 함께 2 - 인과 연
281 균형감각[balance]
283 뜨거워야 익는다
285 관상觀相
287 자주 만나야 한다
289 실천이 힘이다
291 거짓 포장

여섯,
작은 불꽃 하나가

295 작은 불꽃 하나가
297 지는 것이 이기는 것
299 해가 지니 달이 뜨네
301 지연된 정의
304 쓰레기 비양심
306 마지막 잎새[The Last Leaf]
309 기념일
311 희망 온돌
313 하나를 얻으면 하나를 잃는다
    [一得一失]
316 시기하는 마음
319 아니해야 할 말
321 나에게 이야기하기

하나,
구부러진 길이 좋다

오우가 五友歌

대학로 마로니에 공원에는 고산孤山 윤선도尹善道의 〈오우가五友歌〉 비碑가 있습니다. 이 시비가 이곳에 있다는 것만으로도 대학로를 찾는 우리 젊은이들에게 큰 선물이라는 생각이 들었습니다.

'수水·석石·송松·죽竹·월月'

"내 벗이 몇인고 하니 수석과 송죽이라
동산에 달 떠오르니 그것이 더욱 반갑구나
두어라, 이 다섯밖에 또 더하여 무엇하리.

구름 빛이 좋다 하나 검기를 자주 한다
바람 소리 맑다 하나 그칠 때가 많은지라
좋고도 그칠 때가 없기는 물뿐인가 하노라.

꽃은 무슨 일로 피면서 쉬이 지고
풀은 어찌하여 푸르듯 누르나니
아마도 변치 않는 것은 바위뿐인가 하노라.

더우면 꽃 피고 추우면 잎 지거늘
소나무야 너는 어찌하여 눈과 서리를 모르느냐?

땅속 깊이 뿌리가 곧은 줄을 그것으로 아노라.

나무도 아닌 것이 풀도 아닌 것이
곧기는 누가 시켰으며 속은 어찌 비었는가?
저러고 사철을 푸르니 그를 좋아하노라.

작은 것이 높이 떠서 만물을 비추니
밤중에 밝은 빛이 너만 한 것 또 있겠는가?
보고도 말이 없으니 내 벗인가 하노라."

윤선도의 〈오우가〉에 착안하여 내 나름의 오우가를 생각해 보았습니다.

내 벗이 몇인고 하니 경종 목탁 촛대 향로라
그 위에 둥그런 일원상이 자리하니 그것이 더욱 반갑구나
두어라 이 다섯밖에 또 더하여 무엇하리.

너만 한 맑고 은은한 소리 듣지 못하였네
대~앵~ 울리는 경종의 깊고 넓은 음파音波에
시방세계 절로 청정하여지고 모든 번뇌 사라지네
영가시여! 정신을 차려 부처님의 법문을 잘 들으소서.

네 모양이 눈 뜬 물고기 형상이라
나는 깨어있는 수행자인가!

강약을 넘나드는 너의 목탁 소리에
부처님 말씀 장단 맞추니 너의 공덕을 더 말해 무엇하리.

작은 불빛 담았지만, 여느 불빛보다 더 밝음이라
촛대에 정성 다해 올린 소원의 불빛
제 그름을 보지 못할지 걱정하여
사방을 환히 비춤이여.

무엇을 담을까
맛있는 음식, 소중한 물건 담을 수 없지만
향로, 너에게 맑고 깨끗한 향을 올리네
사마악취자소멸邪魔惡趣自消滅 만세멸도상독로萬世滅度常獨露 하소서.

있는 듯 없는 듯
모나지 않은 원만함의 둥근 모습이여
텅 비었으되 묘유妙有로 밝게 나투시는 일원상 부처님
우리 님 고운 님, 나의 벗님이시여.

다섯 벗과 더불어 길이 즐기소서.

○ 원기101년 5월 13일

내가 만약 괴로울 때면

인간으로 살아가면서 삶에서 마주하게 되는 괴로움은 어쩌면 인생의 동반자와도 같습니다. 괴로움과 즐거움은 마치 발걸음과 같아서 즐거움의 발걸음을 한 발자국 내디디면 바로 이어 괴로움의 발자국 또한 따라오는 것 같아요.

지금 혹시 힘든 괴로움에 처해 있나요?

괴로울 때 우리는 어리석게도 그 괴로움의 원인을 바라보지 않고 괴로움의 현상만을 부여잡고 있습니다. 그러면서 그것이 삶의 전부인 양 절대 벗어날 수 없는 수렁이라 생각하고 자기 삶을 불행으로 계속 몰아갑니다.

깊이 생각해 보면 욕심의 무게만큼 괴로움의 무게 또한 크다는 것을 압니다. 그래서 현명한 사람은 괴로움을 없애려 하기보다 욕심을 내려놓는 지혜를 찾습니다.
불평과 원망보다는 참회와 용서와 감사를 생각합니다.

오늘 저는 이렇게 기도하고 싶습니다.

은혜로 함께 하시는 법신불 사은이시여!

이 땅에 고통받는 모든 이들을 위해 기도하나이다.
지금 받는 괴로움이 어찌할 수 없는 괴로움이라면 달게 받게 하시고 피할 수 있는 괴로움이라면 헤쳐 나갈 지혜와 용기를 주시옵소서.
내가 오직 진리 그대로요 조물주임을 믿고, 법신불 사은님의 은혜와 위력을 믿고, 이 고통이 지난 뒤에 다가올 위안과 평화와 행복을 기쁘게 맞이하게 하소서.

자비 충만하신 법신불 사은이시여!
미워하고 성내고 원망하는 마음을 깊은 참회를 통해 사랑하고 감사하는 마음으로 돌리게 하옵소서.
그리하여 이 고통을 통해 새롭게 거듭나게 하옵소서.

나만을 위한 기도가 아니라 이웃과 세상의 고통을 치유하기 위한 넓은 기도이게 하소서.
특히 몸과 마음의 병으로 고통받는 사람들에게 공감과 위안과 치유의 기도이게 하소서.
이 괴로움을 딛고 힘차게 일어나 보은의 일터로 나가 다시 일할 수 있도록 인도하소서.

청정한 마음을 모아 일심으로 비옵나이다.

○ 원기101년 5월 20일

블랙[Black]

인도의 영화 '블랙[Black]'은 보지도 듣지도 말하지도 못하는 주인공 미셀이 사하이 선생님을 만나 어둠에서 빛을 찾는 과정을 그리고 있습니다.
우리가 너무나 잘 알고 있는 헬렌 켈러와 스승인 앤 설리번이 연상되는 영화이지요.

만약 내가 보지도 듣지도 말하지도 못한다면 어떨까요?
평생이 아니고 단 일주일 정도라도 그 어둠 속에 갇혀 있다고 생각하면 두려울 것입니다.
이렇게 밝음에서 산다는 것이 '참 다행이다.' 생각할 수 있습니다.

그런데 어둠이 꼭 나쁜 것일까요?
사실 어둠과 밝음은 마음이 받아들이는 것에 따라 달라지지요.

우리는 보통 블랙에 대해 불행, 암울, 절망, 고통이라는 단어를 떠올립니다.
그러나 블랙이야말로 창조의 시작이고 무한한 가능성과 희망의 시작점입니다.
조개는 아픔 속에서 진주를 낳고 시련과 아픔 속에서 우리는 성장합니다.

동양사상에 의하면 블랙은 흑黑보다는 가물거릴 현玄으로 표현하는 것이 맞는 것 같습니다.
현은 "분명히 있는데 드러나지 않는 것"을 뜻합니다.
그러기 때문에 현은 오묘奧妙, 심오深奧, 신묘神妙하다는 의미를 내포하지요.

우리 인생은 어둠에서 시작해서 밝음에서 살다가 다시 어둠으로 돌아갑니다.
우리는 어둠 속에서 빛을 찾고 빛으로 나아가야 합니다.
그러나 분명한 것은 그 빛은 내 마음의 빛을 발견하는 지혜여야 합니다.

만물은 밝은 햇빛을 보고 자라기도 하지만 밤의 어둠 속에서 생명을 응축하지요.
마치 겨울에 만물이 기운을 함장 하다가 봄이 되면 힘찬 생명력으로 만물을 피워내듯이 말이죠.

어둠이 있기에 밝음이 있고 밝음이 있기에 어둠이 있습니다.
어두운 밤이 지나면 밝은 새벽이 오고 한낮의 밝음도 저녁이 되면 어둠 속으로 사라집니다.

소설 『혼불』의 작가 최명희는 이렇게 말합니다.

"어둠은 결코 빛보다 어둡지 않다."

이 어둠이 지나면 아침의 밝은 햇살이 비칠 것입니다.
이 고통이 지나면 진급과 성숙으로 거듭날 것입니다.

블랙[Black]!
가능, 창조, 희망의 시작입니다.

○ 원기101년 5월 27일

구부러진 길이 좋다

"구부러진 길이 좋다.
들꽃 피고 별도 많이 뜨는
구부러진 길 같은 사람이 좋다."

이 글은 여름을 맞이하여 교보문고 벽면에 내걸린 이준관 님의 시 〈구부러진 길〉입니다.

제 어릴 적 고향 마을은 정겨운 구부러진 시골길이었지요.
비록 좁고 굽은 길이었지만 옆모습도 두루 살필 수 있는 그런 여유가 있는 길이었지요.

그런데 요즘 길은 어떻습니까?

고속도로가 뻥뻥 뚫리고 웬만한 길들은 반듯반듯합니다.
그런데 반듯한 길이 시원하기도 하지만 금세 질리기도 합니다.
무미건조하게 느껴질 때도 있고요.
빠른 속도감에 정작 많은 소중한 것들을 놓치기도 합니다.

우리 인생의 길도 어찌 반듯한 길만 있겠습니까?
어쩌면 당연히 굽은 길을 마주칠 수밖에 없지요.

굽은 소나무가 선산을 지킨다는 말이 있습니다.
반듯한 소나무는 잘려 목재로 쓰이지만, 굽은 소나무는 쓸데없다고 버림받은 나무가 아니라 꿋꿋하게 산을 지켜냅니다.
노인의 굽은 허리에서 농익은 삶의 지혜가 나오고 등 굽은 낙타가 물건을 많이 싣는 법입니다.

세상만사, 반듯한 길로 가고 싶겠지요.
그런데 우리가 마주하는 삶은 굽은 길을 피해 갈 수 없습니다.
혹 인생 여정에서 굽은 길을 만나거든 이제 당연하게 생각하세요.

'아, 이제 옆도 뒤도 돌아볼 때구나.'
'그래, 우리네 삶이 다 그런 거지. 뭐.'

찬찬히 여유롭게 걷다 보면 곧 반듯한 길도 나올 겁니다.
너무 조급한 마음을 내면 탈 나기에 십상입니다.
굽은 길에서는 삶의 에너지를 응축하고 반듯한 길이 나올 때 좀 더 속도를 내면 됩니다.

"구부러진 길이 좋다.
구부러진 길 같은 사람이 좋다."

○ 원기101년 6월 3일

돌부처 [Stone Buddha]

메이저리그에서 활약하고 있는 오승환 선수의 별명은 돌부처 [Stone Buddha]입니다.
어떠한 위기 상황에서도 전혀 흔들림 없이 그 모습 그대로를 유지하기 때문에 돌부처라는 별명이 지어졌지요.

우리 인간에겐 경계와 상황에 따라 기쁨, 성냄, 슬픔, 즐거움의 네 가지 감정이 자연스럽게 일어납니다.
그런데 이 희로애락의 감정은 내가 살아있음을 나타내는 마음의 표상이지만 무엇이든지 지나치면 아픔과 고통으로 다가옵니다.

"중생은 희로애락에 끌려서 마음을 쓰기에 해를 가져오고, 보살은 희로애락을 초월하여 마음을 쓰기에 이익을 가져온다."
라는 말씀이 생각납니다.

우리는 희로애락의 감정에 속고 감정에 이끌리고 감정에 구속되고 감정에 노예가 되는 경우가 많습니다.
기쁨에 취하고 성냄을 불태우고 슬픔에 빠지고 즐거움을 탐닉하는 것은 결국 참다운 나를 잃게 되는 불행입니다.

끌리지 않아야 한다.

초월해야 한다.
부려 쓸 줄 알아야 한다.

그게 참 어렵습니다.
초월과 활용은 고사하고 우선 속거나 끌리지 않았으면 좋겠습니다.
그러한 감정들이 일어날 때 올바른 정신을 차려 거기에 끌리는지 안 끌리는지 대중을 잡고 바로 본래 청정한 마음으로 돌아와야겠습니다.

돌부처는 희로애락의 감정이 없는 것이 아니라 끌림이 없는 경지입니다.
산부처는 희로애락의 감정을 시와 때에 맞게 적절히 활용하는 경지입니다.

이제 바람은 잔잔해지고 나뭇가지도 한숨을 쉽니다.
하늘의 구름은 계속 움직이며 지나갑니다.

○ 원기101년 6월 10일

샘터

저는 지하철 4호선 혜화역을 자주 이용합니다.
오가며 지나치다가 유독 눈에 들어오는 건물이 있습니다.
월간 《샘터》 사옥입니다. 붉은색 벽돌 건물에 지금 한창 담쟁이 덩굴로 녹색의 옷을 입고 있는 모습이 참 멋있고 좋아 보입니다.

사실 저는 그 건물보다는 월간 《샘터》의 오랜 독자로서의 인연이 깊은 사람입니다. 제가 대학교 1학년 때 어느 상점 가판대에서 우연히 사서 본 《샘터》는 저에겐 '샘물'과도 같았습니다.

매달 《샘터》를 읽고 난 뒤 그 《샘터》를 책꽂이에 꽂으면서 뭐라 표현할 수 없을 충만한 기쁨을 느꼈지요. 《샘터》의 권수가 늘어나면서 마음의 키도 훨씬 커짐에 행복했지요.

최인호 님의 '가족'
정채봉 님의 '동화'
법정 스님의 '산방한담山房閑談'
이해인 수녀님의 '흰 구름 러브레터'

정겹고, 아름답고, 따뜻하고, 맑은 향기가 피어나는 글들이었지요. 저는 그런 글들을 좋아했고 《샘터》에서 퍼 올려주는 샘물 같은 삶을 동경했습니다.
이젠 오랜 옛 친구로 기억되는 《샘터》이지만 나도 넓은 샘터가 되고 맑고 깨끗한 샘물이 되겠다는 생각은 여전합니다.

샘터는
생명의 터이며, 우리들의 쉼터인 것 같아요.
한 모금 한 모금 우러나오는 깊고 맑은 물을 마시면 몸과 마음이 깨끗이 정화되는 느낌이지요.

《샘터》를 창간한 우암 김재순 선생은 이렇게 말했다고 합니다.

"거짓 없이 인생을 걸어가는 사람의
말이나 글에는 감동이 있다.
감동을 아는 사람은 강하다."

'샘터'

진실한 삶 속에서
내가 하는 말과
내가 쓰는 글과
내가 하는 행동이
맑고 깨끗한 샘물이 되길 기원합니다.

○ 원기101년 6월 17일

부러워하면 지는 거야

"세상에 남부러울 것 하나 없다."

과연 이런 사람이 있을까요?
아마 없을 것입니다. 세상의 모든 것을 다 가질 수는 없지요. 분명 무언가 부족함을 가지고 살아가는 것이 우리네 인생입니다.

다른 사람의 잘생긴 얼굴이 부럽고, 날씬한 몸매가 부럽고, 부족함이 없는 돈이 부럽고, 튼튼한 건강이 부럽고….

내가 갖지 못한 것을 남이 가지고 있을 때 그것을 부러워하죠.
그런데 우린 어쩌면 서로를 부러워하고 있는지도 모릅니다.
내가 힘들고 괴로운 것은 내 모습에 만족하지 못하고 다른 사람이 가진 것을 부러워하기 때문입니다.
다른 사람의 외모와 지위와 부와 권력을 부러워하면서 정작 자신을 자책하고 불행하다고 생각합니다.

비교하고 부러워하다 보면 나 자신이 부족하고 초라하게 느껴집니다. 비교하는 마음은 피해의식을 낳고 열등감을 느끼기 쉽습니다.
부러움이 심해지면 질투와 시기심이 되고 미워하고 해치는 마음으로 커지게 되지요.

지혜로운 사람은 있는 그대로를 인정하는 사람입니다.
저 사람은 저 모습이고, 나는 내 모습인 거죠.
나 그대로의 모습을 인정하고 사랑하면 다른 사람 모습도 그대로 인정할 수 있습니다.

중국 전한前漢 시대의 책 『회남자淮南子』에는 이런 구절이 나온다고 합니다.
"못에서 물고기를 보고 부러워하느니 돌아가서 그물을 짜는 게 낫다[臨淵羨魚不如退而結網]."

부러워만 할 것이 아니라 그렇게 되기에 노력하는 것이 중요하죠. 그리고 더 현명한 사람은 남의 겉면만을 부러워할 것이 아니라 그 사람의 참모습을 발견할 수 있어야 합니다. 그리고 나의 참모습을 바로 볼 수 있어야 합니다.

나는
지금, 이 자체로도
소중하고 아름다운 존재입니다.

부러워만 하면 지는 겁니다.

○ 원기101년 6월 24일

잘려 나간 감나무

원남교당 들어오는 입구 쪽에 꽤 큰 감나무가 있습니다.
두 갈래로 크게 뻗은 줄기여서 그 모습 또한 우람합니다.
해마다 가을이면 맛있는 단감을 우리에게 선물하였지요.

그런데 어제, 감나무의 한쪽 줄기를 잘라냈습니다.
감꽃이 피고 지고, 이미 새끼 감 모양을 갖췄는데도 왼쪽 줄기와 가지는 결국 잎을 피워내지 못하고 그대로 죽어 버린 겁니다.
마음이 좀 아팠습니다.
안타깝고 허망하게 느껴졌습니다.

마을 입구의 당산나무처럼 항상 그 자리에서 우리를 반가이 맞아주었고 늠름하게 교당을 수호해 준 나무였습니다.
오가며 죽은 나무를 바라보면서 '저 나무를 베어줘야 하는데'라는 생각만 하고 있었습니다.
정작 죽은 부분을 빨리 베지 못한 이유는 나무의 반쪽이 떨어져 나가는 상실감이 컸기 때문입니다.
더 이상 두고 볼 수 없다고 생각하던 차에 교당의 나무 박사 교도님께서 죽은 줄기의 밑동을 잘라내셨습니다.

나무 박사 교도님께 물었지요.

"감나무가 왜 한쪽만 죽게 되었나요?"
뿌리는 하나이고 줄기는 크게 둘인데, 왜 한쪽 부분만 죽게 되었을까 궁금했지요.
그 교도님의 설명은
"그쪽 밑에 껍질이 크게 상처를 받아서 수분공급이 원활하지 못해 죽은 듯합니다."

그래요.
같은 나무라도 한쪽은 잘 자라고 다른 한쪽은 죽기도 합니다.
나무가 커가는 과정에서 큰 상처를 입느냐, 그렇지 않으냐에 따라 그 나무의 성장에 영향을 미치듯이 우리네 삶의 성장도 그런 것 같습니다.
마음에 상처가 나면 치료해 주고 덮어주고 해야 하는데 그대로 드러내고 더 아프게 하니 마음이 죽게 됩니다. 삶 또한 어렵고 힘들게 되는 것이고요.

우리 마음 나무도 따스한 햇볕과 시원한 바람, 깊은 뿌리에서 뽑아 올리는 수분이 필요합니다. 딱딱하고 거칠어 보이는 껍질도 꼭 필요한 것이고요.

장맛비가 매섭게 내립니다.
건강 조심하세요.

○ 원기101년 7월 1일

THINK TO ACT

지인 중에 이메일 아이디로 'thinktoact'를 쓰는 사람이 있습니다. 직접 물어보진 않았지만 저는 'think to act'로 읽습니다.

'생각에서 행동으로'

생각이 행동으로 잘 이어지나요?
이게 참 어렵습니다.
마음만 먹으면 다이어트도 할 수 있고, 술도 끊고, 아침에 일찍 일어나 운동도 하고, 책도 읽을 수 있다고 자신할 수 있을까요? 아무리 머리로 생각하고 마음을 먹었다 하더라도 행동이 따르지 않으면 그것은 허사가 되고 맙니다.

행동과 관련하여 원불교에서는 '작업취사'가 중요한 수행 과목입니다. 작업취사는 우리가 몸과 마음을 사용할 때 정의는 취하고 불의는 버리는 강력한 실행력을 말하죠.

아무리 마음의 안정을 얻고 바른 생각을 했다 하더라도 그에 따른 실천이 없으면 줄기와 잎과 꽃은 좋은 나무에 결실이 없는 것과 같다고 하셨습니다.

프랑스의 철학자이자 『창조적 진화』의 저자인 앙리 베르그송[Henri Bergson]은 이렇게 말했습니다. "행동하는 사람처럼 생각하라! 그리고 생각하는 사람처럼 행동하라!"

이 말의 의미는 생각 자체를 역동성 있게 하고 신중하게 행동하라는 뜻이겠지요. 생각 없는 행동은 무모할 수 있고, 행동 없는 생각은 관념의 유희에 빠질 수 있습니다.

상황에 따라 생각을 많이 해야 할 때도 있고, 머뭇거리지 않고 행동해야 할 때가 있죠. 생각할 때는 빠르고 정확해야 합니다. 행동할 때는 죽기로써 실행하는 마음을 가져야 합니다.

생각이 올바른 행동으로 이어지기 위해서는 우리에겐 에너지가 필요합니다. 마음의 에너지인 심력[心力-의지]과 몸의 에너지인 신력[身力-건강]도 꼭 필요합니다.

'think to act!'

사람이 바르게 산다는 것은 생각과 말과 행동이 일치하였을 때입니다. 옳다고 생각하면 행동에 반드시 옮기는 행동하는 지성인이 되기를 염원합니다.

저는 지금 중도훈련원에서 교무훈련 중입니다.

○ 원기101년 7월 8일

업業의 입력과 출력

아침에 일어나서 잠들기 전까지
우리는 쉬지 않고 작업을 합니다.
작업作業.
몸과 입과 마음으로 업을 짓는다는 거지요.

그 업은 크게 선업과 악업으로 나뉩니다.
선업을 지으면 선과를 받고 악업을 지으면 악과를 받는 것이 털
끝만큼도 틀림없는 인과의 법칙입니다.
내가 업을 짓기도 하지만 다른 사람이 짓는 업을 내가 받아들이
기도 합니다. 이것을 타인업他因業이라고 합니다. 그런데 다른
사람이 짓는 업에 대해 내가 어떻게 받아들이느냐에 따라

미움이 사랑으로
분노는 용서로
원망이 감사로
상극이 상생으로 바뀌기도 합니다.

내가 어떻게 받아들이느냐?
이것이 업의 입력入力입니다.

미움과 원망과 분노를 업주머니에 그대로 저장하면 그 업의 종자가 인연을 따라 나올 때도 입력한 그대로 나오게 되겠지요.
그런데 타인업을 입력할 때 순화시키고, 정화하고, 전환하면 그 업의 저장 내용이 달라집니다.

예를 들어 어떤 사람의 악행[잘못]을 보고
"저런 나쁜 놈, 괘씸한 놈" 하면 그 업인이 그렇게 심어지지만
"잘 몰라서 그랬겠지!"
"무슨 사정이 있었겠지."라고 입력하면 그 업의 내용이 달라집니다.

소태산 대종사님께서는 이렇게 말씀하셨습니다.
"원망할 일이 있더라도 은혜를 발견하여 감사하라."

눈에 보이는 일은 원망할 일이지만,
나의 업주머니에 어떻게 입력시키느냐 따라 업의 내용이 전환될 수 있다는 놀라운 지혜입니다.
이렇게 잘 입력된 업의 종자는 또다시 인연을 만나 출력하게 될 때 당연히 사랑과 용서와 감사가 나올 것입니다.

이젠 되는 대로 기분 내키는 대로 입력할 것이 아니라,
사랑과 용서와 감사를 입력해 보세요.
행복의 꽃이 그 안에서 피어날 것입니다.

○ 원기101년 7월 15일

감사 Cafe

수요공부방 공부인들을 중심으로 '감사 cafe'를 만들었습니다.
감사 cafe가 어디 있냐고요?
감사 cafe에서는 무엇을 파느냐고요?
우리 cafe는 카톡 단체방에 개업했고요.
우리 cafe에서는 오직 은혜와 감사만 판매합니다.
이곳을 드나드는 사람들은 당연히 이곳 cafe의 주인이자 손님이기도 합니다. 이곳 cafe 회원의 의무는 매일 감사 일기 1편을 올리는 것입니다. 감사의 내용이 크건 작건 상관없습니다.

한 편 한 편이 모여 우리는 하루에 15편의 감사를 공유합니다.
'아, 그래. 그것참 감사할 일이지!'
미처 느끼지 못했던 감사에 절로 고개가 끄덕여집니다.

우리 감사 cafe에서 파는 인기 메뉴가 있습니다.
'가족 감사'입니다.
가장 가까이 계시는 부처님 가족 감사는 우리 cafe의 베스트 메뉴입니다. 우리 cafe의 스페셜 메뉴가 있으니, 그것은 '원망 감사'입니다. 자주 애용하진 않지만, 저도 꼭 필요힐 때가 있습니다.

원망할 일이 있더라도 은혜를 발견하여 감사하는 것입니다.

그런데 이 '원망 감사' 메뉴가 은근히 매력이 있습니다.
짜릿하고 오묘한 맛을 내니까 말이죠.
'원망 감사' 메뉴를 시킬 때는 꼭 주의할 것이 있습니다.
마음을 안정시키고 최소한 마음을 한 번 돌린 뒤 주문해야 한다는 것이지요.

감사 cafe 이용료는 없습니다.
오직 감사와 은혜의 마음만 있으면 무료입장이고 무한대 메뉴를 시킬 수 있습니다.
단, 다른 사람을 위하여 딱 1~2잔만 주문해 주세요.

우리 카페에서는
항상 '감사잘함' 송[song]이 흘러나옵니다.

감사해요
사랑해요
잘했어요
함께해요

어떠세요?
우리 '감사 cafe' 한번 오시지 않을래요?
언제든 환영합니다.
감사합니다.

○ 원기101년 7월 22일

마음 사진 찍기

동창 교무님 중에 아마추어 사진작가가 있습니다. 대학 시절부터 해왔던 취미생활인데 지금도 사진 찍기에 매우 열심입니다. 잊을만하면 가끔 동창 네이버 밴드에 본인의 작품을 올리곤 합니다. 사진을 볼 때마다 '와, 대단하다.'라는 탄성이 절로 나옵니다.

이 교무님의 특징은 꽃 사진을 많이 찍는 것입니다.
꽃을 소재로 하다 보니 당연히 근접 촬영이어야 하죠.
가까이 찍힌 꽃의 모양과 색깔과 표정이 바로 제 눈앞에 살아 있는 듯 보입니다.
그 멋진 사진들을 보면서 저는 '마음 사진 찍기'라는 단어를 생각해 보았습니다.

현재
내 마음을 사진 찍어보면 어떨까요?

마음이야 시시각각으로 변하기 때문에 마음을 정확하게 사진 찍는다는 것은 매우 어려울 것 같아요. 내 마음인데도 그 마음의 상태가 어떠한지 모르고 지나쳐 가는 경우가 많습니다. 경계가 지나간 뒤에 때늦은 사진을 찍기도 하고요.

기쁠 땐 기쁨의 사진이
화날 땐 화남의 사진이
슬플 땐 슬픔의 사진이
즐거울 땐 즐거움의 사진이 나오겠지요.

멋지고 아름다운 사진이 찍히면 좋겠지만 더럽고 추한 사진이 찍히면 금세 눈살을 찌푸리겠지요. 도저히 볼 수 없고, 견딜 수 없는 사진이면 그 상황을 빨리 벗어나고 싶을 것입니다.

결국 마음공부는
순간순간 생겨나는
자기 마음을 잘 보는 것이고
옳은 마음은 그대로
그른 마음은 바로 돌리는 것으로 생각합니다.

나타난 마음을 그대로 찍기도 하지만 안 좋은 작품이 나올 때는 바로 바꿔치기하는 묘술을 보이기도 합니다. 그 작품은 아무것도 없는 텅 빈 백지이기도 하고 옛날에 찍었던 멋지고 아름다운 사진이기도 하지요.

'마음 사진 찍기'

지금 내 마음은 어떤 모습인가요?

○ 원기101년 7월 29일

도전! 자유여행

결혼 20주년을 기념하여 7박 9일의 일정으로 스페인 여행을 다녀왔습니다.

설렘과 기대도 있었지만 저에겐 큰 책임감 때문에 부담과 긴장으로 채워진 여행이기도 했습니다.
왜냐하면 자유여행을 기획했고 모든 여행 일정을 제가 이끌고 안내해야 했기 때문입니다.

난생 처음 하는 일이라 어찌나 긴장을 했던지요.
출국장 보안검사대를 통과할 때 가방만 챙기고 바구니에 핸드폰을 그대로 놓고 이동했지 뭡니까. 공항 직원으로부터 그 많은 사람 속에서 "박희종 씨"가 연신 불리는 해프닝이 있었습니다.

큰 실수는 없어 정말 다행이었지만 작은 실수와 헤맴은 여행의 시작부터 끝까지 이어졌습니다. 미리 잘 연마하고 계획했지만, 실전은 크게 다르다는 것을 이번 여행을 통해 깨닫게 되었지요.

마음 편히 패키지여행을 할까도 생각했었지만, 이번에는 새로움에 도전하고 싶었습니다.
미지의 세계를 개척하는 마음으로 하나하나 준비했습니다. 그 과정에서 많은 배움이 있었고, 자유여행에서만 얻을 수 있는 기쁨과 행복을 누릴 수 있었습니다.

익숙함에 길들여지고 누군가의 힘에만 의존하면 새로운 것을 받아들이는 데는 실패합니다. 새로운 도전 속에서 우리는 용기와 자신감이라는 자산을 얻게 됩니다. 어쩌면 인생은 다가오는 모든 새로움에 대한 도전이기도 합니다.

"No pain No gain"
고통 없이는 얻는 것도 없다.

인생은 패키지여행이 아닌 자유여행이라고 생각합니다.
잘 짜인 각본이 아니죠. 좌충우돌 헤매더라도 스스로 헤쳐 나가는 삶의 지혜와 용기로 오늘도 자유여행을 떠납니다.

행복한 여행 되세요.

○ 원기101년 8월 5일

미운 사람 꼴 보기

지난주 청년훈련 관계로 배내훈련원에 다녀왔습니다.
배내훈련원은 향타원 박은국 종사께서 일구신 기도 도량, 훈련 도량입니다.

훈련 프로그램 중 향타원 종사의 법문을 받드는 시간이 있었습니다. 90세를 넘기신 노령인데도 건강해 보이셨고, 특히 천진 보살의 표정과 웃음은 그대로 자비 훈풍이었습니다.
기억에 남는 향타원 종사님의 법문을 소개합니다.

"마음공부가 다른 것이 아녀.
미운 사람 꼴 보는 것이 마음공부야.
미운 사람이 있으면 마음에 독사가 있는 것과 같아."

이전에도 이와 비슷한 법문을 많이 들었었죠.
소태산 대종사님 법문에도
"좋은 사람이야 누가 잘못 보느냐. 미운 사람을 잘 보는 것이 이른바 대자대비의 행이라." 하셨고,
대산 종사께서도
"참으로 통쾌할 때는 미운 사람의 잘못을 너그러이 용서해 주었을 때"라고 하셨습니다.

'미운 사람 꼴 보기'

실상 그 상황에 부닥쳐 본 사람이라면 쉽지 않은 공부임이 분명합니다.
미운 사람이 예뻐 보일 수는 없습니다. 그 사람에게 미운 마음이 들면 그 사람의 모든 행동이 밉게 보입니다. 눈에 티끌이 들어가면 보이는 모든 것들이 흐리게 보이듯이 말이죠.

미운 사람 꼴 보는 것이 당사자로서는 속 터질 일입니다.
맘대로 미워하지도 못하고, 맘대로 비난하지도 못하고 그 모습을 수용해야 하기 때문입니다.

나에게 미운 사람이 있으면
미워만 하지 말고
마음공부 시켜주는 부처님으로 모시면 어떨까요?

왜 미울까?
어떻게 하면 그 미움을 버릴 수 있을까?

미움의 대상이 아니라 마음공부의 대상으로 삼는다면 그 사람이 나를 진급시키고 나를 부처 만드는 큰 은인입니다.
혹 미운 사람이 있다면 감사와 은혜의 대상이 되고, 미움이 사랑으로 바뀌는 놀라운 신앙 체험이 되면 더욱 좋겠습니다.

○ 원기101년 8월 12일

걱정 말아요, 그대

가수 전인권의 노래 '걱정 말아요 그대'를 아시나요?

지난 7월 교무훈련에 가서 배운 노래 중 가장 인기 있었던 노래입니다. 노래를 부르고 있자니, 제가 위로받는 느낌이랄까요. 주요 가사를 소개하면,

"그대여 아무 걱정하지 말아요.
지나간 것은 지나 간대로 그런 의미가 있죠.
우리 다 함께 노래합시다.
후회 없이 꿈을 꾸었다 말해요."

우리 삶에 걱정 근심거리가 없을 수 없죠.
걱정의 연속입니다.
시험 걱정, 취업 걱정, 자식 걱정, 노후 걱정….
모든 일마다 걱정입니다.
걱정이 크거나 너무 많으면 입맛도 떨어지고, 소화도 안 되고, 잠도 잘 오지 않습니다. 안심하지 못하고 속을 태웁니다.
걱정은 내부분 미래에 대한 불확실성에서 기인합니다.
아직 가보지 않은 길이기에 걱정하는 것은 어쩌면 당연하겠지요.

우리 삶에 적당한 긴장과 걱정은 필요할 수도 있습니다.
걱정한다는 것은 잘하려는 마음과 미리 준비하는 마음이기 때문입니다. 걱정이 있어야 궁리하게 되고 궁리를 해야 지혜를 얻을 수 있습니다.

그런데 과도하게 걱정하거나 쓸데없는 일에 걱정하는 것은 어리석은 일입니다. 또 앞으로 생기지 않은 일을 미리 걱정할 필요는 없습니다. 현재에 충실한 것이 오히려 더 현명합니다.

걱정은 나누면 반이 되고 기쁨은 나누면 배가 된다고 합니다.
걱정거리가 생겼을 때 혼자 고민하지 말고 친구, 가족, 스승과 함께 나누세요. 그러면 그 걱정을 벗어날 지혜를 얻을 수 있습니다.

또 무언가에 걱정하고 있을 때 누군가가 나에게 다가와
"너무 걱정하지 마. 잘될 거야."

이런 위로와 격려가 큰 힘이 됩니다.
혹시 어떤 일에 크게 걱정하고 있다면 이런 격려의 말을 전하고 싶습니다.

"걱정 말아요. 그대
우리 함께 노래합시다.
새로운 꿈을 꿀 것입니다."

○ 원기101년 8월 19일

너라는 그늘에 들어서니,
나는 바람이 되고

서울시 중구 서울도서관 외벽 꿈새김판에 멋진 시구가 걸려 있습니다.
"너라는 그늘에 들어서니, 나는 바람이 되고."
그 글을 보는 순간, 마치 그 그늘에 들어선 듯 편안해지고 시원해짐을 느낍니다.

어릴 적 내 고향마을에는 큰 느티나무가 있었습니다.
우리는 그 나무를 '당산나무'라 불렀습니다. 마을을 지켜주는 수호신이었지요.
그곳은 아이들의 놀이터였고 동네 어르신들의 여름철 피서지였습니다. 그 큰 나무가 있어 수많은 사람의 쉼터가 되었고 나이테만큼 각자의 추억들도 알알이 새겨졌지요.

'너라는 그늘—'

종교, 부모, 스승, 친구 ….
너무나 큰 그늘입니다.

우리는 그 큰 그늘 속에서 안정과 평화, 은혜와 사랑, 밝은 지혜를 얻습니다.

우리는 부모님이 베푸시는 큰 사랑의 그늘에서 자랍니다.
그렇게 한없이 그늘이 되어줄 것 같았는데, 이제는 그리움과 회한의 눈물로 남아 있습니다.

'나는 바람이 되고'

나는 단지 누군가의 작은 그늘이 되길 소망했습니다.
다가가 그늘이 되어주진 못하지만 언제든지 나에게로 와 편히 쉬어갈 수 있는 그런 그늘 말입니다.
그런데 어느새 너는 바람으로 다가와 나를 깨웁니다.
가지를 흔들고 잎사귀들을 쓰다듬습니다.
너의 입김으로 나는 깨어나고 성장합니다.
지금보다 더 큰 나무로 더 큰 그늘이 됩니다.

큰 나무라야 큰 그늘을 드리우고 그 그늘이라야 수많은 이들이 쉬어갈 수 있지요. 큰바람이라야 생명을 일깨우고 수많은 생명이 크게 자랄 수 있습니다.

'너라는 그늘에 들어서니, 나는 바람이 되고'

당신의 그늘에 감사합니다.
나는 이제
당신의 그늘이고 바람이고 싶습니다.

○ 원기101년 8월 26일

우산 챙김, 마음 챙김

법회 후 교당 정리를 마치고 사가에 가려고 현관문을 열었습니다.
아, 비가 내리고 있네요.
우산을 챙기려고 다시 제 방으로 올라갔습니다.
방에 가보니 웬걸, 우산이 3개. 제가 이렇게 우산 부자인 줄 몰랐습니다. 생각해 보니 하나는 제가 계속 쓰던 우산, 나머지 둘은 비가 올 때 사가에서 가져왔던 우산이네요.

오늘 비가 오지 않았어도 최근에 집에서 가져온 우산은 챙겨가려고 했었지요. 그분께서 '꼭 챙겨 오라'는 당부가 있었거든요. 이렇게 비가 오니 가져가야 할 우산이 생각난 겁니다. 그리고 그동안 잊고 있었던 그 이전의 우산까지 발견한 거고요.

때마침 와 준 빗님 덕분에 가져가야 할 우산 두 개를 챙길 수 있었습니다. 또 다행히 가다가 중간에 비를 맞지 않고 절묘하게 교당 떠날 때 비가 온 것도 참으로 감사할 일입니다.

화장실 들어갈 때와 나왔을 때 마음이 다르다는 말이 있죠. 급하고 필요힐 땐 꼭 챙기다가 딩징 쓰임새가 없게 되면 나 몰라라?가 됩니다. 비가 오면 그때 다시 찾게 되고요.

우산 챙김을 통해 저의 마음 챙김을 살펴봅니다.
아주 중요하고 꼭 필요할 때는 마음을 고누고 집중하지요. 그런데 그 일이 끝나고 나면 잃어버린 우산처럼 마음을 한쪽에 방치합니다. 그 마음에 먼지가 쌓이고 묵은때가 끼게 되지요. 심지어 내가 그 마음을 썼다는 사실도 잊은 채 외면하고요.

깨끗하고 고요한, 맑고 밝게 빛나는 그래서 항상 여여한 마음,
그 마음을 잘 챙기면 좋겠습니다.

챙기지 아니하고 어찌 그 마음을 닦을 수 있겠습니까?
챙기지 않고 되는 일이 어디 있겠습니까?

마음도 챙기고, 몸도 챙기고, 일도 챙기고, 사람도 잘 챙겨야 합니다.

○ 원기101년 9월 2일

나쁜 기억 지우기

나쁜 기억을 지울 수 있다면 얼마나 좋을까요?

세상을 살아가다 보면 떠올리고 싶지 않은 나쁜 기억 몇 가지씩은 가지고 살아갑니다. 지우개로 박박 지워버리고 싶은데 그게 쉽지 않죠. 기억하고 싶지 않은 그 기억으로 창피하고, 미안하고, 화가 나기도 합니다.

그래서 힘들고 괴롭습니다.
온전한 내가 아닌 부정적인 나를 형성하게 됩니다.

그렇다면
어떻게 나쁜 기억을 지울 수 있을까요?

나쁜 기억과 당당히 맞서 보면 어떨까요.
대부분 피하려 하죠. 아무도 모르게 꼭꼭 숨겨 두려 합니다.
이젠 꺼내서 드러내는 겁니다.
용기가 필요합니다.
신리 앞에, 나를 아끼고 사랑해 주는 사람에게 고백해야 합니다.
그러면 나 혼자 짊어졌던 그 무거운 짐이 가볍게 됩니다.

나쁜 기억 대신 좋은 기억을 자꾸 만들어 내면 어떨까요?
기억 자체를 없앨 수는 없죠. 하지만 가볍게 할 수는 있습니다.
좋은 기억으로 나쁜 기억을 밀어내는 겁니다.
더 많은 좋은 기억들로 채워가다 보면 나쁜 기억의 무게가 줄어들지 않을까요? 내가 충분히 감당할 수 있는 만큼의 무게로 말이죠.

마지막으로 그 기억이란 게 사실 꿈이요, 허상임을 깨닫는 것입니다. 깊게 팬 아픈 상처가 아니라 잠시 일어났다 사라지는 바람과도 같습니다.

원래는 나라고 하는 것도 내가 지었다는 업業 또한 없습니다.
경계 따라, 인연 따라, 일어난 것을 내 것이라 고집하는 마음에 붙들려 있지 않은지요. 기억이 머문다는 것은 거기에 집착한다는 뜻입니다.

우리의 자성自性에는 좋고 나쁨이 없는 청정한 마음 그대로입니다. 선도 악도 머무름이 없습니다.

'당신의 나쁜 기억을 지워드립니다.'
가벼워집니다.
새로운 나로 다시 태어납니다.
마음공부로 충분히 가능합니다.

○ 원기101년 9월 9일

내 고향 장수, 귀향

추석 성묘 하러 내 고향 장수에 다녀왔습니다.
고향 떠난 지 35년이 되는데도 그 모습 그대로입니다. 그 속에 나의 어릴 적 추억들이 고스란히 배어있습니다.

잠시 눈을 감으니 그 시절 그 추억들로 입가에 미소가 번집니다.
이래서 고향은 그리움을 넘어 정겨움으로 다가옵니다.
추억이 아닌 아름다운 꿈으로 알알이 채워집니다.

낯익은 고향길, 한들한들 코스모스가 반갑게 인사합니다.
모처럼 고향을 찾아오는 사람이나 고향을 지키고 있는 사람이나 한결같이 포근한 어머니의 품으로 감싸줍니다.

고향마을 노곡리를 향합니다.
뒤로는 산을 병풍처럼 펼쳐놓고 앞으로는 팔공산을 향해 큰 가슴을 열어 놓습니다. 뭇 생명을 품어 안은 듯 어머니의 자궁처럼 편안하면서 기운 넘치는 곳입니다.

'아, 좋다. 좋아.'
아무런 이유가 없습니다.
그저, 마냥 좋고 좋을 뿐….

저도 이제 나이가 들었나 봅니다.

내 고향 장수는 사과가 유명합니다.
해발 4~500m에 이르는 고랭지로 낮과 밤의 일교차가 큰 덕분에 장수 사과는 당도가 높고 사과 속이 단단합니다.

낮과 밤의 일교차가 크듯, 우리 인생사를 살펴보면 항상 좋은 일만 있을 수 없습니다. 때로는 좋고 나쁜 일들을 당하기도 합니다.
좋은 일에는 더욱 감사하고 나쁜 일에도 원망하지 않습니다.
혹여 생각지도 못한 해로움을 당하더라도 오직 은혜만 발견하고 감사만을 생각합니다.

귀향!
마음 고향 찾아가는 그 길도 정겹고 한가하고 넉넉하면 좋겠습니다.
기쁘고 즐거울 때나, 힘들고 어려울 때도 고향은 언제나 포근한 어머니 품입니다.

즐거운 한가위 보내세요.

○ 원기101년 9월 16일

가을 단상

이번 주는 매우 바쁜 시간을 보내고 있습니다.
내일도 모레도 그럴 것이고요.
여유롭고 한가한 때보다 확실히 바쁠 때 더 일심이 잘 되는 것 같습니다. 정신을 바짝 차리지 않으면 안 되니까요.

가을엔 손이 참 바쁜 계절입니다.
행사도 많고요. 챙겨야 할 일도 많습니다.
바쁘지만 이 가을이 아름답고 낭만적인 것은 변해가는 자연의 색깔과 서늘한 가을 기운 때문이 아닌가 싶습니다.

이화여대 학생회 법회를 마치고 혜화역에서 내렸습니다.
잠시 짬을 내 마로니에 공원 주위를 걸었습니다. 정복 차림에 가방까지 들었으니, 산책과는 영 어울리지 않은 모양새입니다.
그래도 그윽한 분위기에 시원한 밤공기를 맞으며 산책하기 딱 좋은 날씨입니다.

산책하면서 주위를 둘러봅니다.
공원 벤치에 앉아있는 사람들, 3분의 2가량은 연인인 듯 보입니다. 그래요. 연애하기 딱 좋은 계절이죠.

저녁 염불 시간, 법당에 앉습니다.
완연한 가을 기운이 다가옵니다. 호흡과 느껴지는 기운이 확연히 다릅니다. 풀벌레 울음소리가 가을의 운치를 더합니다.

교당 앞 가로수 은행나무도 옅은 노란색을 띠기 시작했습니다. 플라타너스 잎도 마른 잎으로 떨어집니다. 교당 앞 단감나무도 하루가 다르게 색깔이 변해갑니다.
이렇게 자연은 익어가고 물들어 갑니다.

저 또한 그러고 싶습니다.
잘 익어가고 아름답게 물들고 싶습니다.

○ 원기101년 9월 23일

원불교는 평화입니다

'평화'

요즘 원불교가 내세우는 세상에 대한 화두이자 간절한 염원입니다.

평화는 모든 성자의 공통된 염원이고 전쟁의 위험과 대립, 갈등 시대를 살아가는 세계인들의 큰 소망입니다.

대학 교양수업 때 어느 교수님이 하신 말씀이 기억납니다.
"여러분, 평화의 반대가 무엇이라 생각하나요?"
우린 너무도 당연히 '전쟁'을 떠올렸지요.
그런데, 그 교수님은 뜻밖에도
"평화의 반대는 비평화非平和입니다."라고 말씀하셨지요.

비평화란 평화 아닌 모든 것, 평화를 깨뜨리는 모든 것을 말하지요.
대립, 갈등, 다툼, 위법, 불평 …
마음속에서 일어나는 요란함도 비평화의 모습입니다.

하나님을 믿는 종교, 부처님을 믿는 종교도 다 그러겠지만 원불교는 평화를 사랑하는 종교입니다.

평화를 깨뜨리는 것은 인간의 욕심입니다. 더 많이 차지하려고 합니다. 내 것에 만족하지 못하고 남의 것을 빼앗으려는 마음이 대립과 갈등과 다툼을 낳습니다.
서로 없어서는 살 수 없는 은혜를 알지 못하고서는 평화는 어렵습니다. 서로 돕는 상부상조하는 마음이 평화를 만들어 냅니다.

평화의 성자이신 정산 송규 종사께서는 이렇게 말씀하셨습니다.

"평화한 마음을 놓지 말라.
평화를 먼 데서 구할 것이 아니라
가까운 내 마음 가운데서 먼저 구하라.
어떠한 난경에 들었다 하여도 평화한 심경을 놓지 아니하여야
앞으로 세상에 평화를 불러오는 주인이 되리라."

평화의 시작은 대화요, 소통입니다.
서로 이해하고 서로 양보하여 한쪽에 치우침이 없는가, 두루 살펴야 합니다.

세상의 평화는 마음의 평화에서 비롯됩니다.
욕심의 그늘에서 벗어나 사랑과 자비와 은혜가 넘치는 평화 세계가 건설되길 간절히 염원합니다.

원불교는 평화입니다.

○ 원기101년 9월 30일

내가 염색하는 이유

다시 큰맘을 먹어야겠습니다.
무슨 결연한 다짐을 했냐고요?

더 이상 머리 염색을 하지 않겠다는 각오입니다. 그런데 며칠 전 다시 염색을 하고 말았습니다.
염색한 지 한 20년은 되는 듯합니다. 염색이란 게 참 그렇습니다. 염색약이 건강에도 좋지 않고, 귀찮기도 하고, 미장원에서 염색하려면 돈도 만만치 않습니다.

30대 초반에
"이제 백발이네."
"젊은 사람이 염색 좀 해야겠네."
이런 소리를 자주 들으니 꽤 스트레스였습니다.
'백발이면 어때, 이젠 자연스럽게 가자.'라고 몇 번이나 다짐했었는데 번번이 무너졌지요.

이번에도 정토[아내]에게 졌습니다. 젊었을 때는 염색하지 않으면 같이 다니지 않겠다는 엄포에 백기를 들었고, 지금은 삭은아들 대학 갈 때까지[앞으로 3년]만 하자는 부드러운 사정에 꼬리를 내렸습니다. 몸소 염색까지 해준다고 하니 그러면 그렇게 하자고 한 것입니다.

"세월歲月이 여류如流 하니 백발白髮이 절로 난다.
뽑고 또 뽑아 젊어지고자 하는 뜻은
북당北堂에 친재親在 하시니 그를 두려 홈이라."

옛날 선인들께서는 자식의 머리에 내린 잔설을 보고 슬퍼하실 어머님을 위해 날마다 백발을 뽑았다고 합니다.
저의 어머니도 제가 백발이 보이면 성화입니다. 어머니께 죄송하고, 선배 교무님들께 죄송하고, 정토와 애들에게 미안한 마음이 들기도 합니다. 그런데 혹시 내가 염색하기 싫은 이유가 단지 귀찮다고 생각하고 있지 않은지 뒤돌아보게 됩니다.

그 사람의 인격은 마음의 정돈과 밖으로 드러나는 용모를 반듯하게 하는 것이고, 이것이 수도인으로서의 품행이 아닐지 생각해 봅니다. 이왕이면 남에게 반듯하고 아름답게 보이는 것도 상대방에 대한 불공이 될 것이고요.

염색했더니 10년은 젊어 보인다는 말에
그저 좋아 환하게 웃습니다.

○ 원기101년 10월 8일

둘,
나 홀로 교당에

홀로 즐기는 커피 한 잔의 여유

점심 식사 후 기분 전환 겸 창경궁 가을 산책을 하기로 했습니다. 때마침 '코리아 세일 페스타' 목적으로 4대 궁궐 입장료가 무료라고 하길래 평소 가보지 못한 창덕궁 쪽으로 발길을 옮겨 봅니다.

창경궁이 소박하다면 창덕궁은 화려합니다.
창경궁이 종렬형 전각 배치라면 창덕궁은 횡렬형 배치입니다.
창경궁이 전원적이라면 창덕궁은 도시적 풍경입니다.

창덕궁에는 관광객이 너무 많습니다. 저는 같은 궁궐임에도 공간적 여유와 소박함이 있는 창경궁을 더 사랑합니다. 산책하는 동안 사색의 여유를 즐기는 저에겐 창경궁이 제격입니다.

창덕궁에도 비원秘苑이 있다고는 하지만, 누구나 언제나 갈 수 없는 말 그대로 시크릿 가든[Secret garden]입니다.
창덕궁에는 창경궁에 없는 기념품 판매소와 작은 찻집이 있습니다. 찻집 이름은 '동궐 마루'입니다. 저는 그 찻집 작은 의자에 앉아 지나가는 사람들의 발걸음 소리를 들으며 '감시 Cafe'에 글을 올리고 있습니다.

이제 모카커피 한잔을 음미할 시간입니다. 걷는 즐거움도 좋지만, 이렇게 의자에 앉아 한적하게 혼자 커피를 마시는 여유와 사람들의 풍경을 감상하는 것도 또 다른 매력입니다.

이제 창경궁으로 발길을 옮깁니다. 남은 가을 궁궐 산책을 마무리해야 하기 때문이죠. 오늘은 창덕궁에서 많은 시간을 가진 관계로 여유 있는 발걸음은 아닙니다. 숙제를 끝마쳐야 하는 학생처럼 한 바퀴 휙 도는 것을 목표로 삼았습니다.

이제 창경궁의 가을은 막 익기 시작한 감처럼 보입니다. 이렇게 창경궁을 거닐면서 다정한 법우法友들과 이 아름다운 가을에 가을소풍을 함께 하면 좋겠다는 소망을 가져 봅니다. 그땐 다 함께 이야기 나누며 즐기는 커피 한 잔이면 좋겠습니다.

짙어가는 가을 색을 즐기며 은혜와 감사의 정담情談과 법정法情을 나누고 싶은 가을 남자[秋男]의 창덕궁 감상입니다.

○ 원기101년 10월 14일

밥 딜런[Bob Dylan]

'노래하는 시인'으로 불리는 미국 포크 가수 밥 딜런이 올해 노벨 문학상 수상자로 뽑혔습니다. 스웨덴 한림원은 "위대한 미국 노래 전통 내에서 새로운 시적 표현을 창조해 냈다."라며 그 선정 이유를 밝혔습니다.

수상에 따른 논란도 많지만, 여러모로 신선한 충격과 더불어 '밥 딜런'이라는 인물에 대해 새롭게 아는 기회가 되었습니다. 여러 매체에서 소개된 대로 그의 노래는 시대정신을 담고, 인간이 지향해야 할 보편적 가치를 노래하고 있습니다. 가사를 통해 세상의 아픔을 노래하고 부조리한 현실에 맞서며 인간성 회복의 미래를 꿈꾸었습니다.

저는 노벨 문학상을 받는다는 사실보다 밥 딜런 한 사람이 갖는 위대한 힘에 대해 생각해 보았습니다.
우리는 누군가로부터 영향을 받기도 하고 영향을 주기도 합니다. 사람뿐만 아니라 글, 그림, 음악을 통해 감동하고 사고의 큰 전환을 가져오기도 합니다.

아시다시피 딜런은 사회적 고민과 평화 정신을 가사에 담아냈죠. 짧은 가사에 대중성 있는 음악이라는 도구를 통해 그것을 전달

했습니다. 혼자 노래했으나 많은 사람이 공감했고 혼자 행동했으나 많은 사람이 변화의 물결을 이루었습니다.

딜런의 팬 중의 한 사람인 버락 오바마 미국 대통령은 "대학 시절, 이 나라를 위해 영감을 주는 그의 노래를 들으며 내 세계관이 열렸다."라고 평가했지요. 평화를 위한 그의 노래는 총이나 대포보다 더 위대했고 어느 정치가의 연설보다도 더 힘이 있었습니다.

한 사람은 결코 한 사람이 아닙니다. 처음엔 작은 물결같이 보이지만 마침내 큰 물결을 이루고 도도히 세상 변화의 흐름을 만들어내죠.

오늘 저는 그 한 사람의 힘을 생각해 봅니다.
나는 누군가에게 꿈이고, 희망이 되고 있는가?

세상의 변화는
나의 작은 변화로부터 시작합니다.

○ 원기101년 10월 21일

영화 원스[Once]

이번주 수요 영화 법회에서는 가을과 잘 어울리는 음악영화 '원스[Once]'를 감상했습니다. 영화의 주제를 뽑는다면 '음악으로 기억될 사랑의 순간'입니다. 담백하면서도 절제된 사랑을 노래합니다.

"사랑하고
그리워하고
나는 너를 노래한다."

영화 포스터에 적힌 문장입니다.
저는 이 영화를 몇 번이나 반복해 보면서 영화제목이 왜 원스[Once]일까를 화두처럼 생각해 보았습니다. 원스[Once]는 '한 번'을 뜻합니다. 너무나 잘 아는 'Once more'가 대표적이죠.

이 영화에 등장하는 주인공 남자[Guy]와 여자[Girl]는 한 번의 만남, 사랑, 이별로 이어집니다. 이들의 만남을 비롯한 모든 경험은 Once[한 번]임이 분명합니다.

내가 경험하는 것 또한 이와 같습니다. 보는 것은 한 번입니다. 비슷하게 반복하는 것같이 보이지만 나에게 다가오는 모든 인연과 사건은 한 번입니다. 그 한 번이 계속해서 이어져 나가는 것이 우리네 인생살이입니다.
그 한 번은 똑같은 한 번의 반복이 아니라 새롭게 시작되는 한 번입니다. 과거의 한번이 현재를 만들고 현재의 한번이 미래를 결정짓습니다. 만남과 사랑과 이별이 과거 현재 미래라는 시간의 연속선상에 놓여 있습니다.

이렇게 보면 나에게 주어지는 한번은 모든 것이 새로움으로 가득 찬 한 번입니다. 왜냐하면 한번은 처음을 의미하기 때문입니다. 그래서 그 한번이 중요합니다.

이제 한 번[Once]의 의미를
신영복 교수의 '처음처럼'의 글로 마무리하고자 합니다.

"처음으로 하늘을 만나는 어린 새처럼
처음으로 땅을 밟고 일어서는 새싹처럼
우리는 하루가 저무는 저녁 무렵에도
아침처럼
새봄처럼
처음처럼
다시 새날을 시작하고 있다."

그 한번이
다시 시작되고 있습니다.

○ 원기101년 10월 28일

감 따는 날

오늘 교당 감을 땄습니다. 매일 그 감나무 앞을 오가며 언제쯤 저 감을 딸 수 있을까 살펴봤지요. 너무 빠르면 단맛이 덜하고 너무 늦으면 단감이 물러져 아삭함이 없게 되지요.

원남교당 감은 친환경 무농약입니다. 오로지 천지자연의 은혜로만 맺은 결실이지요. 거기에 매일 독경 소리를 듣고 자란 감이고 오가는 교도님들의 사랑스러운 눈빛을 잔뜩 먹고 자랐습니다.

저는 그 감나무가 새잎이 나고 감꽃이 피고 지고, 새끼 감에서 오늘의 이 알찬 감이 익어가기까지 쭉 지켜보았습니다. 특히 가을에 접어들어 감색이 노란색을 띠기 시작하면서부터는 풍성한 결실을 위해 매일 기원했지요.

감을 따고 보니 선별이 필요했습니다. 크기와 상처의 정도를 생각하여 A급, B급, C급으로 나눴습니다. 똑같이 온갖 풍파를 딛고 열매를 맺었건만 그 결과는 똑같지 않음을 보게 됩니다.

감을 다 따고 나니 감나무가 휑해 보였습니다. 잎이 날렸을 때가 더 감나무답고 더 아름다웠습니다. 아직은 진녹색의 잎이지만 곧 물들어 단풍잎으로 떨어질 것입니다. 그 낙엽은 또다시 땅의 영양분이 되어, 또 다른 나무를 살리고 키워내겠지요.
이렇게 보면 모든 것이 돌고 도는 것이고 단지 그 모습만 바뀐다는 사실을 알게 됩니다. 굳이 에너지 보존의 법칙을 말하지 않아도 자연계가 가진 에너지의 총량은 변하지 않는 것이죠.

이번에 딴 감은 오는 11월 13일(일) '좋은 인연 초대 법회' 때 점심 공양으로 내놓을 예정입니다. 크기도, 생김새도 상품 가치로서는 좀 떨어질지 몰라도 단감의 맛은 최고라 자부해 봅니다.

해마다 이렇게 맛있는 감을 선물해 주고 변화하는 자연의 이치를 깨닫게 해주는 교당의 감나무에 감사합니다.

○ 원기101년 11월 4일

"엄마"

오늘 교당에서 종재식이 있었습니다. 원불교에서는 사람이 죽으면 영혼 천도를 위해 천도재薦度齋를 지냅니다. 천도재의 마지막인 종재식 때 가족 대표 고사가 있습니다. 고사는 자녀가 부모님께 올리는 감사와 참회와 다짐의 편지입니다.

이날 고사는 고인의 아드님이 했는데, 울먹이며 올리는 고사를 듣고 저는 크게 감동했습니다. 짧았지만 진심을 담아 어머니께 올리는 사모곡思母曲이었습니다.

나이 60이 넘은 아들이 처음부터 끝까지 "엄마"라고 부르는데, 가슴이 뭉클했습니다. 고사의 내용보다는 울면서 부르는 이 "엄마"라는 단어가 제 가슴을 파고들었습니다.
동물적인, 원초적인 느낌이라고 할까요. 어린아이가 엄마를 애타게 부르는 그런 느낌이었습니다.

어머니가 높임말이라면, 엄마는 낮춤말입니다. 어머니라는 호칭은 좀 격이 있고 어른스럽게 보이지만 약간은 멀리 떨어져 있다는 느낌을 줍니다.

아이가 처음 배우는 단어가 "엄마"이죠. 세계 공통으로 발음이 비슷하다는 것을 보면 원초적인 언어임이 틀림없어 보입니다.
모태 본능이죠.
저는 결혼하기 전까지는 "엄마"라고 불렀습니다. 어릴 때부터 익숙했던 탓도 있고 정겨움이 오랫동안 자리한 탓도 있을 것입니다.
생각해 보니, 어머니라고 부른 이후 엄마의 따뜻함과 정겨움으로부터는 멀어지지 않았는지 생각해 봅니다. 이젠 어머니가 익숙해진 저이지만 마음속엔 항상 "엄마"가 자리하고 있습니다. 그 품에 푹 안기고 싶은 마음과 함께 말이죠.

엄마는 그대로 동심童心입니다.
엄마에는 젖 냄새가 배어있습니다.
엄마에는 때 묻지 않은 순수함이 살아 있습니다.

우리는 이렇게 태어나서 죽을 때까지 "엄마"의 품 안에서 사는가 봅니다.

"엄마"가 나의 고향입니다.

○ 원기101년 11월 11일

가을 은행잎 단상斷想

만추晩秋입니다.
나뭇잎들이 떨어지고 이제 나목裸木으로 향해 갑니다. 그런데 교당 정원의 나무들은 지금이 한창 가을의 절정으로 보입니다.
이 가운데 가장 빼어난 것은 은행나무입니다.

한 점의 여백도 없이 온통 물감으로 칠해놓은 듯 더 이상 가감할 수 없는 순도 100%의 노란 색깔입니다. 아침햇살이 비추기 시작하면 노란색은 황금색으로 재빨리 옷을 갈아입습니다. 순간 눈이 부시고 황홀경에 빠져듭니다.
어쩜 저리 색깔이 곱고 예쁠 수 있을까?
무공해 단색이 주는 단순미가 오히려 강한 에너지를 뿜어냅니다.

오래전 네팔 포카라 사랑곳[SarangKot]에서 바라본 히말라야 설산이 떠올랐습니다. 새벽 아침 어둠에서 태양이 떠오르면서 설산이 황금색으로 변하는 그 장관은 지금도 잊을 수 없습니다.
저 노란 은행잎이 진짜 황금이라면 얼마나 좋을까?
한 10톤쯤 될까?
아, 이런. 속된 물욕의 노예가 되다니···.

노란 은행잎에는 겨울, 봄, 여름, 가을 사계절이 담겨 있습니다.

해와 달, 비와 바람과 맑은 공기가 스며있고 땅속에서 뿜어 올린 영롱한 땅의 기운이 어리어 있습니다.

문득 서정주 시인의 시
〈국화 옆에서〉가 떠올랐습니다.

"노란 네 꽃잎이 피려고
간밤엔 무서리가 저리 내리고
내겐 잠도 오지 않았나 보다."

국화만 그랬겠습니까?

떨어진 은행잎을 쓸다가 나무를 한참 동안 바라봅니다.
바람이 한차례 지나가자 노란 은행잎이 저속 비행을 합니다.
떨어지는 은행 꽃잎이 김연아의 트리플 악셀처럼 다이내믹하진 않지만, 빙그르르 돌면서 사뿐히 떨어지는 그 모습이 부드러우면서 우아합니다.

다시 은행잎을 쓸어 담습니다.
쓸자마자 뒤에서 은행잎이 또 떨어집니다.
애써 외면해 봅니다.

이젠 어쩔 수 없습니다.

○ 원기101년 11월 18일

불보살의 살활자재 殺活自在

노란색으로 온몸을 물들였던 은행잎은 어느새 앙상한 빈 가지만 남겨 놓았습니다. 언제 그랬느냐는 듯이 가을의 낭만은 저물고 쌀쌀한 겨울 속으로 들어섰습니다.

변화라는 게 서서히 오는 듯 보이지만 어느 순간에 이르면 그 변화는 갑작스럽습니다. 물이 얼음이 되고 수증기가 되듯 자연의 변화 또한 물리·화학적으로 급격한 변화를 불러옵니다.

원불교『대종경』불지품 4장에 보면
"불보살들은 능히 살 때에 살고 죽을 때에 죽어서"라는 법문이 나옵니다.

저는 이 법문을 연마하다가 불보살들은 스스로 능생능사 能生能死하기도 하지만 살활자재 殺活自在하는 분이라는 감상을 얻었습니다.

살아도 죽은 사람이 있고 죽어도 산 사람이 있습니다.
삶과 죽음이 몸에 있지 않고 그 사람의 정신에 있기 때문입니다.

충무공 이순신 장군은 "살고자 하면 죽을 것이요[生卽死] 죽고자 하면 살 것이다[死卽生]"라고 하셨지요.

예수님은 죽어서 구원으로 다시 살아나신 분입니다.
소태산 대종사님은 아홉 제자의 백지혈인白指血印 이적을 보고 그대들은 이미 전날에 죽었고 새 이름으로 다시 살린다고 하셨습니다.

불보살들은 이렇게 죽이기도 하고 살리기도 하는 살활자재殺活自在 하는 능력이 있는 분입니다. 불보살의 죽임은 죽음이 종착이 아니라 죽어 다시 살리는 죽음입니다. 그래서 불보살은 궁극적으로 살림의 자비慈悲를 행하시는 분입니다.

우리의 일상을 보더라도 칭찬의 말 한마디가 그 사람을 살리고 감정이 실린 꾸중의 말 한마디가 상대방의 마음을 죽이기도 합니다. 진심 어린 충고의 말 한마디는 당장은 죽이는 말 같지만 죽여 다시 살리는 말씀이 됩니다.

죽임과 살림

가을의 낙엽은 죽음의 모습으로 보이지만 봄의 살림을 준비하는 과정입니다.
죽음을 통해 새로운 살림이 시작됩니다.

○ 원기101년 11월 25일

비상구[Emergency Exit]

'예수님은 유일한 비상구입니다.'

어느 교회 벽면에 붙은 글귀입니다.
그 아래 성경 말씀을 인용했는데요.

"예수께서 이르시되
내가 곧 길이요 진리요 생명이니
나로 말미암지 않고는 아버지께로 올 자가 없느니라."

신앙하는 사람으로서 고개가 끄덕여집니다.
'유일한'이라는 단어가 좀 걸리긴 해도 기독교 신앙을 하는 사람으로서는 당연하겠다는 생각입니다.

큰 건물에는 반드시 비상구가 있죠. 극장에서 영화를 보기 전 항상 비상구 위치를 확인시켜 주는 안내 영상이 나오기도 합니다. 우리네 삶이라는 게 굳이 비상구가 필요 없이 평화롭고 안락한 생활을 하면 좋겠지요. 하지만 어느 순간 한 치 앞도 보이지 않을 정도로 깜깜한 상황에 직면할 때가 있습니다.
앞으로 나아갈 수도, 뒤로 물러설 수도 없어 우왕좌왕할 수밖에 없는 막막하고 위급한 상황에 맞닥뜨렸던 경험이 있으신지요?

꼭 위급한 상황이 아니더라도 지금의 상황에서 탈출하고 싶은 마음이 있습니다.

주위의 잔소리와 간섭, 냉담과 무반응, 공부와 취업에 정신없이 뛰어다니지만, 앞이 보이지 않는 막막함, 일과 사람에 치여서 날로 지쳐가는 직장생활, 살아갈수록 허무해지는 일상들. 인생살이에 지쳐 쓰러질 듯한 상황에서 떠밀리기도 하고 스스로 그 구렁 속으로 나를 떠밀어 넣기도 합니다.

이때, 비상구를 떠올려 보세요.

아무리 힘들고 위급한 상황에서도 반드시 비상구는 있습니다.
이 믿음이 비상구를 만들기도 합니다.
어둠 속에서 한 줄기 빛이 비치듯 얽히고설킨 실타래 같은 혼란이 하나하나 조금씩 조금씩 풀릴 것입니다.

우리는, 나는
원불교
소태산 대종사님
교전
교당이
내 삶의 비상구입니다.
내 삶의 비상구 등은 잘 켜져 있나요?

○ 원기101년 12월 2일

끼어들기

오늘 운전을 하다가 교통법규 위반으로 범칙금 딱지를 받게 되었습니다. 동대문 쪽에서 교당이 있는 이화동 쪽으로 오다가 차선을 잘못 타 좌회전 차선에서 부득이 직진하게 된 것입니다.

교통경찰에 딱 걸렸습니다.
위반 사항은 '끼어들기'라네요. 좀 변명하자면 5차선 중 2차선도 좌회전 차선이란 걸 몰랐습니다. 한가한 시간대이었기 때문에 굳이 끼어들기를 할 필요가 없었는데 말이죠. 범칙금은 ○만 원. 순식간에 국가에 세금을 내게 되었습니다.

어쩌겠습니까.
좀 더 주의했더라면 하는 아쉬움은 남지만, 법률은에 보은하지 못했으니 당연히 감수할 수밖에요.

'끼어들기'
보통 '새치기'라고도 하죠. 순서를 어기고 남의 자리에 슬며시 끼어드는 행위입니다. 일종의 부정행위입니다. 끼어들기를 할 경우, 나는 좋겠지만 차량 흐름을 방해하고 법규를 지키는 사람들은 피해를 보게 됩니다. 사고의 원인이 되기도 하고 심지어는 그로 인해 보복 운전이 행해지기도 합니다.

교통만 그러겠습니까?
줄 서는 데 끼어들기
말하는 데 끼어들기
남의 인생에 끼어들기
심지어 다 된 밥에 숟가락만 얹는 일도 있죠.

끼어들어 도움이 될 수도 있고, 끼어들어 아무런 도움이 되지 않고 오히려 해가 되는 일도 있습니다. 사소한 것부터 중대한 일까지 말이죠.

여기서 깊이 생각해 봅니다.
그들은 나의 끼어들기를 반겼을까?

한편, 우리의 마음에도 끼어들기가 있는 것 같아요.
나의 청정한 마음을 교란하는 방해꾼인데요. 마음을 놓고 있으면 사념 망상들이 마구마구 끼어들기를 합니다.

이렇게 끼어들기를 당하면 마음 운전에 제 속도를 못 내기도 하고 그 끼어들기 때문에 마음 사고가 나기도 합니다. 엉뚱한 곳으로 달려가기도 하지요.

끼어들기!
조심하고 조심할 바입니다.

○ 원기101년 12월 9일

오늘의 책은, 산책

'오늘의 책은, 산책'
어느 신문 광고에서 본 카피입니다.

책을 읽는 것도 좋지만, 오늘은 산책을 통해 책 읽기 이상의 기쁨을 얻자는 의미로 해석할 수 있지요.
저 같은 경우 수필을 좋아하는데요. 수채화를 대하는 기분으로 싱그럽고 가벼워지는 느낌을 받습니다. 맑은 감성과 작가의 생각에 한 호흡으로 다가서기도 합니다. 수필은 마치 글을 산책하는 느낌이죠.

책 읽기도 일종의 산책입니다. 인류의 정신문화를 여유롭게 거니는 것입니다. 감성과 이성과 지성과 오성이 한데 어우러져 아름다운 생각의 선율을 이룹니다.

걷는 산책은 '휴식을 취하거나 건강을 위해서 천천히 걷는 일'입니다. 천천히 걷는 것을 통해 많은 것을 얻을 수 있습니다.
철학자 칸트는 매일 같은 시간, 같은 코스로 산책했는데요. 그는 산책은 건강을 넘어 정신을 슬겁게 하고 사유의 폭, 나아가 영혼에 휴식을 제공한다고 믿었습니다. 그래서 '생각하는 칸트, 걷는 칸트'라는 수식어가 붙게 되었죠.

저도 산책을 즐기는 편입니다. 언제부턴가 혼자 걷는 길이 익숙하고 즐겁습니다. 나만의 시간이고, 나를 돌아보는 시간이기 때문입니다. 산책이 주는 즐거움은 몸과 마음의 여유, 생각의 여유입니다. 빈 그릇을 만드는 거죠. 때론 무념無念으로 무상無想으로 무아無我의 경지를 체험하기도 합니다.

우리의 인생이 꽉 채우기에 바쁘고 높이 쌓기에 여념이 없는 것 같아요. 그래서 때론 비우고 내려놓는 산책하는 여유로움이 필요합니다.

원불교 경전인 『대종경』에 보면 소태산 대종사님께서 산책하시는 장면이 나옵니다. 아름다운 소나무 길이 있는 남중리에 이르러 땅에 동그라미 일원상[○]을 그려 보이시며 이렇게 법문하십니다.

"이것이 곧 큰 우주의 본가이니
이 가운데는
무궁한 묘리와
무궁한 보물과
무궁한 조화가
하나도 빠짐없이 갖추어 있느니라."

어떠세요.
저랑 '일원상' 산책 한번 하실래요?

○ 원기101년 12월 16일

몸살감기

요즘 몸살감기로 힘든 생활을 하고 있습니다. 지난주 추운 날씨에 국방부와 광화문 평화 기도에 오랜 시간 밖에 있었더니 그 영향인 듯합니다.

두통에 목도 약간 따끔하고 어깨 부근에 근육통도 있습니다. 약과 여러 가지 처방으로 몸을 조리하고 있는데 쉽사리 나아지지 않습니다. 잘 먹고 잘 쉬는 것이 중요하다고 하는데 연말 결산 준비 등 여러모로 바쁘다 보니 이것도 여의찮습니다.

환경의 변화가 생기면 가장 먼저 몸이 반응하는가 봅니다. 한해를 정리하고 이별을 준비해야 하는 시기라 그런지 감기라는 이름으로 몸이 먼저 반응하네요.

내 몸이 아프니 여러 가지 생각이 듭니다.
평소 건강에 자신했던 오만함, 건강한 몸에 대한 고마움, 다른 사람의 아픔에 대한 연민 등.

특히 아플 때 혼자라고 느끼면 행여 서러울 수 있는데요. 오히려 주변에서 약, 음식, 마음까지 챙겨주는 분들이 있기에 그 감사함은 평소보다 더 크게 느껴집니다.

불교 『유마경』에는 "중생이 병들매 보살도 병을 앓는다"라는 법문이 있습니다. 나와 가까운 가족이나 이웃의 아픔을 나의 아픔으로 느끼고 그 고통과 치유를 함께 할 수 있는 보살 정신을 생각해 봅니다.

이제 익숙한 환경, 익숙한 사람, 익숙한 일, 익숙한 생각에서 새로운 변화를 준비하고 있습니다. 모든 변화에는 진통이 따르게 마련이지요. 그러한 진통은 성장과 성숙을 위한 꼭 필요한 아픔들임을 압니다.

몸살감기를 통해 제 몸을 살피고 주위 사람들의 따뜻한 배려와 사랑을 느꼈듯이 변화에 따른 고통은 감사와 사랑으로 받아들이려 합니다.

예수 그리스도의 탄생일인 크리스마스가 내일모레입니다.
사랑과 은혜가 가득한 연말 되시기를 기원합니다.

메리 크리스마스!

○ 원기101년 12월 23일

Good Bye 2016

이제 한 해가 저물고 있습니다.
2016년, 원기101년은 나에게 어떤 의미로 남겨질까요?

기쁨과 감사
환희와 영광
절망과 아픔
분노와 상실

사람마다 각각 다르겠지요. 자기가 뿌린 대로 거두게 되는 것이니까요. 우리는 어쩌면 희망 잃은 세상에서 살았는지도 모릅니다. 그러나 우리는 새로운 희망을 발견하고 새로운 꿈을 향해 나아가고자 합니다.

최후의 한 생각이 최초의 한 생각이 된다고 하셨으니 끝맺음과 시작을 참회와 감사로 채우면 좋겠습니다.

올 한 해
몸과 입과 마음으로
알고 짓고 모르고도 지은 모든 죄를
진심으로 참회합니다.

특히 이웃과 세상의 아픔에 함께하지 못했음에
깊이 참회합니다.
그럼에도 불구하고 이제 우리들의 기도는
오직 "감사기도"로 채워지길 기원합니다.

천지님
부모님
동포님
법률님에 대한 무한 감사로 충만하면 좋겠습니다.

좋은 일이나
낮은 일이나
오직 은혜와 감사뿐입니다.

가는 것이 오는 것이며
주는 사람이 곧 받는 사람이라 하셨습니다.
이제 잘 보내는 것이 잘 맞이하는 것이겠지요.

2016년을
잘 보내고
새벽을 알리는 닭의 해 2017년을
기쁨과 희망으로 맞이하면 좋겠습니다.

원만이의 편지도

원남교당에서 마지막 인사를 올립니다.
이제 새로운 교당에서
새로운 마음으로 다시 시작하겠습니다.

그동안의 격려와 성원에 감사드리며
맞이하는 새해에는
지혜와 복이 충만하여
더욱 행복한 한 해 되시길 기원합니다.

감사합니다.

○ 원기101년 12월 30일

버리고 떠나기

요즘 원남교당에서의 마무리를 위해 분주하게 보내고 있습니다. 4년간의 정리와 함께 새로 오시는 분들을 위한 준비에 소홀함이 없게 하기 위해서입니다. 짐을 정리하고 구석진 곳의 먼지를 쓸면서 느낀 감상입니다.

'버려야 할 것이 참 많구나.'
'손 가지 않는 곳에 이렇게 먼지가 쌓였구나.'

많은 책을 정리하고 짐을 싸다 보니 4년 동안 한 번도 펼쳐보지 않은 도서가 거의 90%는 되는 듯합니다. 소중한 책이라 생각하고, 다음에 꼭 보리라 다짐하며 남겨두었지만, 실상은 그렇지 못했던 것이죠.

그런데, 이번에도 미련을 버리지 못하고 대부분을 꾸역꾸역 다시 챙겼습니다. 언젠가 필요한 책이라 생각하고 말이죠. 이렇게 놓지 못하는 저를 보았습니다.

구석진 곳에는 먼지가 쌓이더군요. 보이는 곳만 청소했지, 옷장 위라든지, 책상 밑은 먼지가 수북이 쌓여 있는데도 보지 못했습니다. 우리의 마음도 그렇지 않을까요? 잘 사용하는 마음은 깨끗함을 유지하지만 감춰두고 방치했던 마음은 먼지가 쌓이고 오염되고 있을 것입니다. 미운 마음, 부끄러운 마음, 그리고 죄악에 시달리는 마음들까지 말이죠.

마음도, 인연도, 일도 놓아야 하는데 그게 쉽지 않습니다. 그런데요. 아직 인연의 끈이 남아 있다면 그 인연을 애써 억지로 끊을 필요가 있을까 생각해 봅니다. 집착하는 마음만 놓으면 되지 않을까요? 만나고 이어지고 헤어짐은 인연의 자연스러움이니까요.

삶의 교훈으로 남겨주신 법정 스님의 글 〈버리고 떠나기〉를 옮겨 봅니다.

"삶은 소유물이 아니라 순간순간에 있음이다.
영원한 것이 어디 있는가.
모두가 한때일 뿐,
그러나 그 한때를, 최선을 다해
최대한으로 살 수 있어야 한다.
삶은 놀라운 신비요 아름다움이다."

버려도 버릴 것이 없는 마음
떠나도 떠남이 없는 마음
집착을 놓은 여여如如한 마음

마음의 자유를 얻은 도인의 모습이 아닐까요?

○ 원기102년 1월 6일

헤어짐과 만남

정들었던 원남교당을 떠나 새로운 꿈을 안고 이문교당에 왔습니다. 아쉬운 석별의 정이야 말할 수 없지만 새로운 인연을 만나는 기대와 설렘으로 그 아쉬움을 애써 잊어봅니다.

반갑게 맞이해 주셨습니다.
"우리 교무님"이라는 반김에 따뜻한 정과 강한 소속감을 느끼게 됩니다.

이문교당에서의 첫날 밤은 무척이나 잠을 설쳤습니다. 이렇게 새로운 환경의 변화는 몸을 옮긴 것 이상으로 마음의 큰 변화가 뒤따르기 마련인가 봅니다.
점차 잠자는 것과 생활하는 것도 익숙해질 것입니다. 이 동네의 여러 공간과도 눈에 익을 것입니다. 곧 제가 즐기는 산책길도 찾아볼 생각입니다. 창경궁 같은 멋진 곳을 만날 수 있을까요?

시간이 지날수록 '원남'이라는 단어가 지워져 가고 '이문'이라는 단어로 제 생각과 생활들이 채워질 것입니다. 어쩌면 이런 현상이 자연스러운 것이지요. 그래도 잊히지 않고 인연의 끈이 계속된다면 그것은 지중한 인연이라 생각합니다. 가끔 그리워하는 것은 집착이 아닌 아름다운 추억여행이라 생각해도 되겠지요?

한편, 생각해 보면 원남에서 보낸 지난 4년이라는 시간은 한순간이었습니다. 물리적인 시간이야 4년을 꽉 채우고 남을 것이지만 마음속에 느끼는 시간은 한순간이었습니다. 이렇게 시간은 무상無常합니다. 순식간에 잊히고 새로움을 받아들입니다. 달력으로는 지나간 날들을 셀 수 있겠지만 그것은 한순간이었습니다.

그런데 우리의 생각은 시간이라는 상相을 가지고 거기에 기억을 결합해 과거에 묶여 살아갑니다. 좋은 기억, 나쁜 기억 모두 말이죠. 지나간 시간이 찰나와 같다면 좋은 기억도 나쁜 기억도 한순간일 뿐입니다. 집착하여 생각에 끌려 살 것이 아니라 놓고 인정하면 편안해집니다.

이제 모든 순간을 기쁘고 은혜롭게 맞이하고자 합니다.
새롭게 만나는 모든 인연을 좋은 인연, 상생의 법연으로 맺어가고자 합니다.

우리들의 행복한 삶,
행복한 세상을 위해서 말이죠.

○ 원기102년 1월 13일

나 홀로 교당에[Kyodang Alone]

혹시 기억하시나요?
1990년에 상영된 맥컬리 컬킨 주연의 '나 홀로 집에[Home Alone]'라는 영화가 있었습니다. 가족들은 다 크리스마스 여행을 떠났는데 말썽꾸러기 케빈이 홀로 집에 남아 도둑들과 황당무계한 사투를 벌인다는 코미디 영화입니다.

요즘 제가 '나 홀로 교당에' 상황이 되었습니다. 단독 교당인 이문교당에 오고 보니 홀로 지내는 시간이 많습니다.

나 혼자 밥을 먹고
나 혼자 일을 하고
나 혼자 길을 걷고
나 혼자 TV를 보고
나 혼자 잠을 잡니다.

저는 이렇게 나 홀로족이 되어버렸습니다.
혼자 사니까 좋지 않냐고요?

네. 물론 혼자이기 때문에 분명 자유스러운 부분이 있습니다. 다른 사람의 눈치나 간섭을 안 받아도 되니까요. 그러나 혼자 있을 때 더 마음을 챙기고 더 조심해야 함을 알고 있습니다.

『대학大學』에서 군자君子는 반드시 '신기독愼其獨' 한다고 했죠. 군자는 홀로 있을 때 조심합니다. 그렇습니다. 혼자 있을 때 더 마음을 챙기고 더 철저한 규칙 생활이 필요한 것 같습니다.

저 또한 그렇게 하려고 노력합니다. 삼시 세끼 제시간에 꼭 챙겨 먹고 4층에서 1층으로 9시에 출근해서 저녁 6시에는 1층에서 4층으로 퇴근합니다. 대한민국에서 가장 빠른 출·퇴근 길입니다.

어느 기자가 산속 암자 생활을 하는 법정 스님에게 물었죠.
"스님은 산속에 혼자 있으니 자유로우시겠습니다."
법정 스님의 답은 의외였습니다.
"혼자 있기 때문에 계율이 더 필요합니다."

이젠 자력으로 공부해야 함을 절감합니다. 어떤 경계에도 흔들림 없는 자성의 정·혜·계를 세워야 합니다. 혼자라서 외로운 게 아니라 혼자일 때 더 치열하게 공부해야겠습니다. 그래서 홀로 즐기는 삶, 혼자 살기의 달인을 꿈꿔 봅니다.

너무 걱정은 마세요.
완선 혼사는 아니니까요.

눈이 왔습니다.

눈길 조심하시고요.

마음이 새하얀 눈처럼 순백으로 청정해지시길 기원합니다.

○ 원기102년 1월 20일

환승換乘 - 갈아타기

서울의 지하철이야 다 아시겠지만, 서울 전역을 거미줄처럼 연결하고 있습니다. 목적지까지 가기 위해서는 지하철을 갈아타는 것은 자연스러운 일입니다.

어제는 국방부 평화 기도를 가기 위해 외대 역에서 1호선을 타고 가다가 동대문에서 4호선으로 환승하여 삼각지에서 내렸습니다. 지하철 환승을 하면서 우리네 '인생의 환승'을 생각해 보았습니다.

환승換乘, 갈아타기인데요.
우리 인생이 직행만 있는 것은 아니고 꼭 환승해야 할 때가 있습니다. 학생들의 경우 자신에 맞는 최고의 학원을 찾아, 다니던 학원을 바꾸기도 하고요. 때론 즐기던 취미생활을 바꾸는 일도 새로운 변화를 위해 필요합니다. 심지어 자신이 오랫동안 공력을 들였던 직업을 바꾸는 일도 있지요.

어쩔 수 없는 선택이 되었건 최고의 선택이 되었건 삶의 전환은 우리네 인생에서 필수 불가결한 부분입니다. 그렇다고 해서 가장 좋고 바르고 빠른 길을 놔두고 바보스럽게 애써 갈아타기할 필요는 없습니다.

그런데 환승하기 위해선 시간이 필요하죠. 좀 이동하여 갈아타는 것이 보통의 일입니다. 이동 길이가 길어 시간이 좀 더 걸리기도 하고, 여러 차선이 모이는 역일 경우 복잡하여 자칫 길을 잃고 헤맬 수도 있습니다.

만약 인생 역에서 환승해야 하면 너무 서두르지도 말고 정확히 찾아가는 것이 중요할 것 같아요. 목적지와 반대 방향으로 갈 수는 없잖아요.

환승은 더 나은 발전을 위한 자기 변화이고 최선을 찾기 위한 또 다른 선택입니다. 그런데 일생을 마치는 그날 우리는 이생에서 마지막이자 맨 처음의 환승을 하게 되죠. 몸을 갈아타는 그 순간이 찾아오게 됩니다. 그 순간을 위해 우리는 적공積功의 시간을 보냅니다.

내일은 설 명절입니다.
고향 오가는 길, 편안히 즐겁게 가족과 함께 행복하시길 기원합니다.

새해 복 많이 받으세요.

○ 원기102년 1월 27일

요중선 鬧中禪

벌써 2월이네요. 봄에 들어서는 입춘立春이 내일입니다. 계절은 어느새 추운 겨울을 밀어내고 따뜻한 봄을 맞이하고 있네요.

저녁 식사 후 외대 운동장으로 산책하러 나갔습니다. 어둠이 짙게 깔린 운동장에는 저와 같은 몇몇 산책 꾼들의 모습이 보입니다. 추위 때문이라 그런지 산책이라고는 하지만 바삐 발걸음을 움직입니다. 제가 이전에 즐겼던 창경궁이 한가하고 여유로운 산책길이라면 외대 운동장은 바삐 움직여야 하는 도시형 산책길입니다.

'요중선鬧中禪'이라는 말이 있는데요. 시장 속같이 시끄러운 곳에서 하는 선을 말합니다. 참다운 선은 산속에서 홀로 즐기는 선이 아니라 차 소리, 사람들 떠드는 소리, 각종 소리가 요란한 곳에서 마음이 흔들리지 않고 고요할 수 있는가에 그 진가가 달려 있습니다. 바깥 경계에 마음을 빼앗기지 않고 자신의 마음을 바라보고 집중할 수 있느냐는 거죠.

고요함 속에서 단련한 명상은 현실의 어렵고 힘든 경계를 만나면 여지없이 무너지게 됩니다. 마치 온상에서 자란 화초가 햇빛에 나오게 되면 금방 시들게 되는 것처럼 말이죠.

바깥이 아무리 시끄럽다고 해도 어디에 마음이 향해 있는지에 따라 시끄러울 수도, 고요할 수도 있습니다. 소리에 마음이 쫓아 가면 시끄러울 수밖에 없습니다. 반면 호흡이나 발걸음에 마음을 집중하다 보면 차 소리가 크게 들리고 사람 떠드는 소리가 요란해도 그 소리는 잘 들리지 않게 되지요. 마음공부도 책 속에만 있지 않고 경계 속에서 단련되고 성숙한 공부가 참다운 공부라 말할 수 있습니다.

고요한 곳에서나
시끄러운 곳에서나 한결같이
청정한 본래 마음 잘 챙기시기를 바랍니다.

○ 원기102년 2월 3일

그래도

"가장 낮은 곳에
젖은 낙엽보다 더 낮은 곳에
그래도 라는 섬이 있다
그래도 살아가는 사람들
그래도 사랑의 불을 꺼트리지 않는 사람들
세상에서 가장 아름다운 섬, 그래도

~중략~

그래도 부둥켜안고
그래도 손만 놓지 않는다면
언젠가 가을 다 건너 빛의 뗏목에 올라서리라.
어디엔가 걱정 근심 다 내려놓은 평화로운
그래도, 거기에서 만날 수 있으리라."

김승희 시인의 〈그래도라는 섬이 있다〉라는 시입니다.

이 시를 읽고 느낀 감상을 적어 봅니다.

어둠 속에서

절망 속에서
모진 아픔 속에서도
그래도
나에겐
우리에겐 희망이 있고
다시 일어설 용기가 있습니다.

나에게 깊은 상처를 줬어도
죽을 만큼 미워했어도
한때는 모질게 원망했어도

그래도
나에겐
우리에겐
용서하고 사랑할 마음이 있습니다.

말이 좀 서툴고
논리가 좀 안 맞아도
약간 답답하게 느껴지더라도

진실한 마음이 있으면
그래도
귀담아들어 주고 공감해 주세요.

'음, 그래. 그랬구나.'

좀 모자라고
좀 어설프고
좀 미숙해 보여도
그 가능성이 조금이라도 있다면
그래도
'난 너를 믿어'라고 말해주세요.

'음, 그래. 잘할 수 있어'

그래도

긍정
사랑
감사의 복음입니다.

○ 원기102년 2월 10일

소음 민원

구청 직원 세 분이 예고도 없이 교당을 방문했습니다. 소음 민원이 들어왔다는 거예요. 교당 근처 이웃 누군가가 민원을 넣었는데, 기도나 법회 때 들리는 목탁과 앰프 소리에 대한 불평이었습니다. 그런데 자세히 알아보니 교당 주차장 무료 사용과 관련하여 앙심을 품고 민원을 넣은 것 같아 제 마음 또한 불편했습니다.

실제 소음이 어느 정도인지 측정해 봤습니다.
규정된 소음은 50데시벨인데, 측정기로는 30데시벨 정도가 나오더군요. 크게 불편한 정도는 아니라는 것이지요. 그것도 종교의식이 있을 때만 그럴진대 말입니다.

이곳 이문교당은 외대 역 바로 옆이라 심야 시간을 제외하고는 항상 지하철과 기차 소리가 끊이지 않습니다. 심지어 기차가 지나갈 때면 건물이 약간 흔들릴 정도로 큰 굉음을 냅니다.
저는 이런 상황이 당연하고 공중의 편리와 이익을 위해선 어느 정도의 불편은 감수해야 한다고 생각합니다. 그래서 저는 전혀 신경 쓰지 않고 살아갑니다. 어쨌든 한 사람이라도 불편하거나 불평이 나오지 않게 하도록 앞으로는 조금 더 주의하려고 합니다.

목탁 소리, 경종 소리가 소음일까요?

세상에 많은 소리가 있습니다.
진짜, 신경에 거슬릴 정도의 불편한 소음도 있습니다. 그런데 세상을 맑히고 밝히고 훈훈하게 하는 아름다운 소리는 더 많지요. 마음에 따라 시끄럽게 들리기도 하고 은혜롭게도 들립니다.

저는 경종과 목탁을 치고 독경할 때는 이 도량을 중심으로 청정한 법계를 이루고 이 주변 모든 이웃들의 안녕과 행복을 기원하는 마음도 함께 합니다. 혹 이 종소리와 목탁 소리를 듣고 마음의 회향을 한다면 큰 축복이 되겠지요.

언젠가는 마음 놓고
경종과 목탁을 치는 날이 올 것이라 소망해 봅니다.

간밤에 비가 내렸습니다.
봄을 재촉하는 봄비인 듯합니다.
그래서 좋습니다.

○ 원기102년 2월 17일

꿈속의 꿈

꿈을 꾸다 잠에서 깼습니다. 그런데 희한하게도 꿈속에서 꿈을 꾼 기분입니다. 잠에서 깼다고 생각했는데 그것도 또 하나의 꿈이었습니다. 꿈속에서 '내가 꿈을 꾸고 있구나'라는 생각을 했고 꿈속에서 또 다른 꿈이 머물다 갔습니다. 기분은 유쾌하지 않은 찜찜한 그런 이상한 느낌이었습니다.

이런 경험들 있으시죠?

인간의 무의식이 꿈으로 나타난다고도 합니다. 꿈의 해석을 통해 미래를 점치기도 하고 현재의 심리상태를 읽기도 합니다.
꿈이라는 게 현실은 아니죠. 잠시 일어났다 사라지는 물거품과도 같습니다. 착각일 뿐이고 그림자에 불과합니다. 그런데 우리는 어리석게도 잠자는 동안은 꿈을 현실로 착각하게 됩니다. 꿈도 현실이 아닐진대 꿈속의 꿈은 어떻겠습니까?

꿈과 관련하여 장자의 '호접지몽[나비의 꿈]'은 생각의 큰 울림을 줍니다.
"내가 지난밤 꿈에 나비가 되었다.
날개를 펄럭이며 꽃 사이를 즐겁게 날아다녔는데
너무 기분이 좋아서 내가 나인지도 몰랐다.

그러다 꿈에서 깨어버렸더니
나는 나비가 아니고 내가 아닌가?

그래서 생각하기를
아까 꿈에서 나비가 되었을 때는 내가 나인지도 몰랐는데
꿈에서 깨어보니 분명 나였다.

그렇다면 지금의 나는 진정한 나인가?
아니면 나비가 꿈에서 내가 된 것인가?
내가 나비가 되는 꿈을 꾼 것인가?
나비가 내가 되는 꿈을 꾸고 있는 것인가?"

지나고 나면 우리의 한 생도 꿈결 같은 세상일 수 있습니다.

꿈속의 꿈

생각에 생각을 더해도 생각이듯이 이 또한 꿈이고 거짓 깨어남입니다. 지금 나의 삶도 헛된 꿈을 꾸고 있지는 않은지요. 착각과 망상과 편견과 오만에 사로잡혀 있다면 말이죠.

꿈이 아닌 현실
거짓이 아닌 잠
허상이 아닌 실상을 바로 보는 우리이길 기원합니다.

○ 원기102년 2월 24일

연속극

지난주에 KBS 주말연속극인 '월계수 양복점 신사들'이 종영했습니다. 제가 유일하게 봤던 드라마여서 마지막 회를 본방 사수했는데요. 주말연속극은 가족이 함께 보는 드라마여서 그런지 가족의 훈훈한 사랑을 담고 있어서 좋습니다.

다행히 이 드라마는 시청자의 바람대로 완벽한 해피엔딩이었죠. 그런데 어떻습니까?
마지막은 해피엔딩이지만 그 전개 과정은 온갖 우여곡절이 많지요. 미움과 갈등, 오해와 상처 등. 이 모든 어려움을 이겨내고 진실과 믿음, 희망과 사랑만이 마침내 모두를 행복으로 이끌게 되죠.

드라마에는 삶의 희로애락이 있고, 반전이 있고, 절정이 있습니다. 우리의 삶 또한 한 편의 드라마이고 매일 방영되는 연속극입니다. 그런데 말이죠. TV의 연속극이야 횟수가 정해져 있지만, 우리 삶의 연속극은 무한 연속극인 것 같아요. 그것도 주말연속극이 아니라 일일 연속극으로 말이죠.

우리 삶이란 인과법칙을 따라 끝없이 이어지는 연속극입니다. 어제가 오늘로 이어지고 오늘은 또 내일로 이어집니다.

내가 걸어온 길, 그리고 앞으로 걸어가야 할 길에는 내가 만들어 낸 인과라는 발자국이 남습니다.

내가 쓰고
내가 연출하고
내가 연기하는 내 인생의 연속극

그래서 나는 매일 펼쳐지는 연속극의 작가이면서 감독이면서 주인공이기도 합니다.
이렇게 삶이 끝없는 '연속극'임을 안다면 우리의 생각과 행동이 많이 달라지지 않을까요?

3월입니다.
봄은 봄으로써 더욱 환하게 피어납니다.
생명이 움트는 봄을
설레는 마음으로 바라보시기를 바랍니다.

○ 원기102년 3월 3일

밥 짓는 냄새

요즘 세 끼 밥해 먹는 것이 저의 일상입니다.
교당에서 혼자 생활하므로 밥해 먹는 것도 공부라 생각하고 빼놓지 않고 식사를 챙깁니다. 보통 아침기도가 끝나면 바로 1층 식당으로 향합니다. 미리 씻어 놓은 현미를 밥솥에 안칩니다. 밥맛 최상의 조합은 현미와 찹쌀 4대 1 비율입니다.

밥이 될 동안 30분은 아침 신문을 읽습니다. 시간이 지나면서 전기밥솥에 스팀이 나고, 이내 딸그락 소리가 나기 시작하면 밥이 익어간다는 표시입니다. 이어 증기가 빠지고 뜸이 들면 밥 익는 냄새가 구수하게 납니다. 혼자 밥을 해 먹으면서 비로소 알게 된 사실, 밥 짓는 냄새가 이렇게 고소한 줄 이전엔 절대 몰랐습니다.

아, 이 냄새가 너무나 구수합니다. 눈을 감고 한참 동안 그 냄새에 취해봅니다. 현미라 그런지 특유의 고소한 냄새가 더 나는 것 같습니다. 제가 느끼기에 흰 쌀밥보다 더 진하고 고소한 냄새입니다.

가공되지 않는 원초적인 고소함, 자극적이지 않은 자연의 냄새, 향긋하면서 오묘한 생명의 냄새, 뭐라 말로 표현할 수 없는 신비 그대로입니다.

이전엔 미처 몰랐지요. 직접 밥을 지음으로써 느낄 수 있는 새로움입니다. 순간, 시골 풍경과 어릴 적 어머니가 부엌에서 밥 짓는 모습이 떠올랐습니다.

새벽 아침, 집마다 굴뚝에 연기가 피어오릅니다. 나무 타는 냄새와 함께 가마솥에 김이 나기 시작하고 솥뚜껑 사이로 밥물이 흘러나오기 시작합니다. 약한 불에 뜸을 들이면 고소하고 향긋한 밥 냄새가 방안으로 스며듭니다. 드디어 솥뚜껑 열리는 소리. 김이 모락모락 나는 밥을 나무 주걱으로 푹푹 퍼서 한 그릇 한 그릇씩 정갈하게 밥을 담아냅니다.

아, 저는 이렇게
어릴 적 추억여행을 떠납니다.

아, 저는 이렇게
어머니의 사랑과 정성을 다시금 느껴봅니다.

밥 짓는 냄새,
그것은 사랑이고 행복입니다.

○ 원기102년 3월 10일

셋,
가라앉아야 맑아진다

아름다운 퇴임식

원불교 익산총부 정년퇴임 봉고식에 다녀왔습니다. 지난 4년 동안 원남교당 교감님으로 모셨던 솔타원 황덕규 교무님의 퇴임식이라 꼭 가야 하는, 꼭 가고 싶은 자리였습니다.

오랜만에 찾는 총부는 언제나 마음의 고향처럼 포근했습니다. 따뜻한 봄 날씨에 눈 익은 총부의 모습은 제 가슴속 깊은 그리움을 살짝 덜어내 주었죠.
처음부터 끝까지 감동적이었습니다. 서른네 분, 퇴임자 한 분 한 분 소개될 때마다 그분의 전무출신 일생이 고스란히 드러났습니다.
종법사님의 법문, 축사, 퇴임사, 축가 등 그 어느 곳에서도 볼 수 없는 아름답고 감동적인 퇴임식이었습니다.

"서원으로 걸어오신 길, 감사와 존경을 올립니다."

퇴임 봉고식에 걸린 플래카드 문구입니다.
행사를 지켜보는 모든 이들의 마음이 그러했고, 감사와 존경의 마음을 담아 힘찬 박수와 함성으로 축하했습니다.

"행복했습니다.
기쁨과 보람의 전무출신의 삶이었습니다. 감사합니다."

4~50년 교역 생활을 정리하는 이 짧은 말씀에 가슴이 찡하고 큰 울림이 있는 것은 어떤 이유일까요?

그 긴 세월에 어찌 기쁨과 보람만이 있었겠습니까?
산 넘어 산, 수많은 어려운 경계들과 마주했을 테고, 잠 못 이루는 번민의 밤을 지새우기도 했을 것입니다. 그런 어려움과 고통까지도 기쁨과 보람으로 승화시킨 수행의 힘에 정중히 머리 숙여 깊은 존경을 표합니다.

1시간 30분여 진행된 퇴임 봉고식. 어느 퇴임식에서 퇴임 원로들의 축가가 불릴까요?
애창하는 시가 낭송되고, 수도인의 기품이 풍기는 맑고 깨끗한 목소리로 노래 한 가락을 멋들어지게 뽑을 수 있을까요?
아름답고 가슴 벅찬 퇴임식의 감동이 오랫동안 제 마음속에 자리할 것 같습니다.

이제 퇴임하시는 원로님들은 휴양과 내생을 준비하는 수도자의 삶을 살아가실 것입니다. 때론 수행과 교화 현장에서 갈고 닦은 농익은 법설로 법풍을 불려주실 것이고요.

부디 원로 선진님들의 법체 강령하심을 진심으로 기원합니다.

○ 원기102년 3월 17일

사일런스[Silence]

영화 '사일런스[침묵]'를 보았습니다.
16세기 말 일본을 배경으로 가톨릭의 선교, 박해, 순교 등 실화에 기초하여 우리에게 신앙에 대해 깊은 생각을 하게 하는 영화입니다.

예수님의 얼굴이 새겨진 나무판을 땅바닥에 놓고 밟고 지나가면 살려주고, 밟지 않고 피하면 죽임을 당하게 됩니다. 이것이 '기리스탄[크리스챤]'을 가려내는 방법입니다.

신앙을 위해 수많은 신자가 죽음을 선택합니다. 죽음 이후에 천국으로 갈 것을 확신하고 말이죠. 신자들의 고통스러운 죽음을 바라보는 신부가 하나님께 그들을 구원해 줄 것을 기도합니다.

"기도해도 앞이 보이지 않는다."
"난 침묵에 기도하는 것인가?"
"고난의 순간에 당신은 왜 침묵하십니까?"

하나님께 묻습니다. 질규합니다. 그러니 응답이 없습니다.
신부에게 더 큰 고통은 자신이 죽는 것보다 신앙을 위해 죽어가는 신자들을 바라보는 것입니다. 마침내 신부는 그들을 살리기 위해 배신背信, 배교背敎하게 됩니다. 신앙에 대한 깊은 고뇌, 진정한 사랑의 실천이 무엇인지 많은 생각을 하게 합니다.
그런데, 이 영화에서 가장 핵심은 '신[하나님]이 진정 있는 것일까'라는 물음입니다.

"고난의 순간에
왜 당신은 침묵하십니까?"

우리는 기도합니다. 나의 기도는 감사의 기도보다 고통과 어려움이 왔을 때 더욱 간절해집니다. 죄지음에 빨리 용서받고자 고해와 참회의 기도를 올립니다. 그렇게 정성스럽게 기도했는데도 기도의 응답이 없다면 어떻게 할까요?

'사일런스[침묵]'

우리는 어떤 답을 찾아야 할까요?
구원은 나에게 있다고 생각합니다. 우리는 스스로 응답을 찾아야 합니다. 신[진리]의 응답은 구하는 자에게 스스로 답을 찾게 해주는 것이 신[진리]의 첫 번째 역할입니다.

신[진리]은 긴 침묵을 가질 수도 짧은 침묵을 가질 수도 있습니다. 응답이 없는 것이 아니라 침묵 그 자체가 응답일 수 있습니다. 그 침묵은 크게 다시 살리는 응답의 언어일 수 있습니다. 믿음은 신[진리]의 침묵을 듣는 유일한 길입니다.

마지막으로 저 자신에게 묻습니다.

"너는 어떠한 경우를 당하더라도
변하지 않을 신심信心을 가졌는가?"

제가 좋아하는 순백의 목련꽃이 피기 시작합니다.
4월이 눈앞에 와 있습니다.

○ 원기102년 3월 24일

배봉산 산책

요즘 시간이 되면, 아니 꼭 시간을 내서라도 배봉산 산책을 하곤 합니다. 교당 근처 1시간 산책 코스로 제격입니다.
얼마 전부터 개나리, 산수유, 히어리 등 화사한 봄꽃들이 피어올랐습니다. 이제 검회색 빛 마른 가지를 뚫고 여러 나무에서 파란 새싹들이 아장아장 걸어 나오기 시작합니다. 어찌나 앙증맞게 보이던지요. 배봉산은 이렇게 봄의 오묘한 신비를 온몸으로 보여주고 있습니다.

배봉산拜峰山은 표고 110m 높이의 작은 산입니다. 배봉이라는 이름의 유래는 여러 얘기가 있지만, 절[拜]과 관련되어 있음은 확실한 것 같습니다. 모양도 높게 솟은 산이 아니라 길게 뻗은 모양이 납작 엎드려 절하는 모양입니다.

대체로 쉬운 둘레 코스에 잘 정돈된 길은 남녀노소 다 이용할 수 있는 작은 등산 또는 산책코스로는 더할 나위 없습니다. 시민들의 편리를 배려한 손길들이 군데군데 닿아 있음에 감사한 마음입니다.

저는 산책하는 즐거움의 최상으로 '생각의 산책'을 꼽습니다. 운동으로도 어느 정도 도움이 되겠지만 급히 걷지 않는 걸음걸음에서 큰 평화가 깃듦을 체험합니다.

머리를 식혀야 할 때, 생각을 정리해야 할 때, 산책은 최고의 청량제입니다. 굳이 그러한 목적으로 산책하지 않더라도 생각을 놓고 단순한 발걸음에 집중하다 보면 새로운 에너지가 솟아나기도 하고 좋은 생각들이 튀어나오기도 합니다.

오늘은 배봉산 정상에서 〈사슴〉으로 유명한 노천명 시인의 〈감사〉라는 좋은 시를 만났습니다.

"저 푸른 하늘과
태양을 볼 수 있고
대기를 마시며
내가 자유롭게 산보를 할 수 있는 한限
나는 충분히 행복하다
이것만으로 나는 신에게 감사할 수 있다."

이러한 대자연의 은혜 속에서 사는 저는 충분히 행복한 사람입니다.

봄의 향연이 가득하고
깨달음의 은혜가 가득한 4월을 맞이하세요.

○ 원기102년 3월 31일

남의 허물, 나의 허물

교당 4층 생활관을 나오면서 마주치는 벽면의 글귀가 있습니다.

"어리석은 자는 남 허물 밝히는 데 힘쓰고,
지혜 있는 자는 자기 허물 살피는 데 힘쓰나니라."

원불교 『대종경』 인도품 36장 법문인데요.
계속 보다 보니 어느새 제 삶의 경구로 와닿는 법문이 되었습니다.

사람이 어찌 허물이 없겠습니까. 그런데 참 이상하게도 남의 허물은 잘 보이는데 자신의 허물은 잘 보이지 않습니다. 혹 자신의 허물을 잘 본다고 하여도 애써 감추려 하죠. 누군가 자신의 허물을 들추어내면 감정이 상하고, 화가 나기도 합니다. 내 자존심에 상처를 입었다고 생각합니다.

예수님께서도 이렇게 말씀하셨다고 합니다.

"네 형제의 눈에 티끌은 보고
너 자신의 눈에 있는 대들보는 보지 못하느냐?"

눈이 제 눈을 보지 못하고 거울이 제 자체를 비추지 못합니다.

어리석은 중생은 아상我相에 가려서 제 허물이 눈에 잘 들어오지 않습니다. 오히려 다른 사람의 허물을 밝히는 데는 밝게 빛나죠.

우리가 조심할 것은, 상대방의 허물을 사랑 없이 드러내면 화합을 깨뜨릴 수 있습니다. 가족, 특히 부부간에는 서로 선善을 권장하고 상대방의 허물을 용서하는 사랑이 필요합니다.

사랑하는 마음으로 그 사람의 허물을 고치고자 하거든, 옳고 그름을 단칼에 내려치는 충고여서는 안 됩니다. 진심으로 상대방을 위하는 마음으로 말하기 전 최소 세 번 이상 생각하고 이야기해야 합니다.

그리고 가장 중요한 것은 상대방을 바꾸려 하기보다 나 자신의 허물을 살피고 고치기에 노력해야 합니다. 또한 자기의 허물을 숨기거나 속이지 않고 사실로 알리는 용기도 필요합니다. 감추면 감출수록 그 허물이 커지기 때문입니다.

어제 저는 어리석게도 다른 사람의 허물을 밝히는 데 힘썼습니다. 참고, 참고, 또 참다가 결국은 일을 저지르고 말았습니다. 곰곰이 생각해 보면 그 사람의 허물이 아니라 내가 떨쳐내고 싶은 나만의 상相이고 고착된 생각의 틀입니다.

◯ 원기102년 4월 7일

『마음 클리너』 출간

그동안 '원만이의 편지'를 묶어 『마음 클리너』라는 책 이름으로 출간하게 되었습니다. 출간을 결심하기까지 망설임도 있었고, 두려움도 있었습니다. 제 글에 대한 책임을 져야 한다는 부담감과 과연 이 글들이 세상 사람으로부터 공감을 얻을 수 있을까, 하는 두려움이 컸습니다.

용기를 냈죠. 혹 조소와 비난이 있을지라도 겸허히 받아들이기로 했습니다. 4년 동안 한 번도 빠지지 않고 매주 편지를 부쳤다는 자부심이 안도감과 작은 자신감을 키울 수 있었습니다. 글이 아니라 마음을 전달하면 되겠다 싶었습니다.

인쇄소에서 배달된 책을 받아 든 순간 떨림과 감동이 있었습니다. 처음 손에 잡힌 책을 소중히 간직하기 위해 첫 장에 저만 알 수 있는 표시를 해두었습니다. 또 하나의 제 자식 같은 느낌이라고 할까요. 그렇게 『마음 클리너』가 세상에 나오게 되었습니다.

여는 글 마지막에 이렇게 적었습니다.
"편지,
기다림 속에 무르익은
나의 고백

그리고 당신의 마음."
매주 금요일이면 부치는 편지였기에 우리의 기다림은 1주일이 었는지 모릅니다. 그러나 원만이의 편지는 오랜 기다림이 무르익은 저의 마음 고백이었습니다. 혼자만의 독백이 아니라 당신의 마음이 함께 화답해 주었기에 원만이의 편지는 이제 200번째의 편지를 바라보고 있습니다. 부족한 부분을 채워주고 보이지 않는 기운으로 응원해 주었기에 가능한 일이었습니다.

『마음 클리너』라는 책 제목은 아주 오래전부터 생각해 둔 것이었습니다. 본문에 실린 한 제목이기도 하고요. 그때 느꼈던 의미를 살리기 위해 당시의 글을 옮겨볼게요.

"맑은 샘물이 솟으면 그 물이 항상 깨끗하듯이
청정자성淸淨自性을 여의지 않으면 우리의 마음 나라는 항상 깨끗해집니다.
'마음 클리너'
그 요술 방망이 파는 곳 없나요?"

『마음 클리너』 출간의 기쁨을 '원만이의 편지' 가족과 함께 나누고 싶습니다. 출판에 직, 간접적으로 도움을 주신 모든 분께 특별히 감사드립니다.

∪ 원기102년 4월 14일

된다. 된다. 하면 된다

지난주 서울교구 교리실천 강연대회에서 80세를 바라보는 원로 교도님의 강연이 깊은 감명이 되어 오랫동안 기억에 남아 있습니다. 이분은 젊었을 때부터 교당 다니는 것이 가장 큰 기쁨이었고 교당 일이라면 집안일 제쳐두고 교당으로 뛰어갈 정도였다고 합니다. 교무님의 손발이 되고, 숨통이 되어드리기 위해 열과 성을 다하신 분입니다.

그런데 어느 날 갑자기 건강을 잃게 되자 모든 것이 무너지고 아무것도 할 수 없는 자신이 너무 초라하고 힘들었다고 합니다. 예전에 왕성하게 했던 마음공부며 교당사업을 못 하게 되었을 때 오는 상실감 말이죠.

왜 안 그러겠어요. 마음은 하고 싶은데 몸이 따라주지 않으니, 그같이 힘들고 괴로운 일이 또 어디 있겠습니까? 그런데 교당 교무님께서 이 교도님께 주문처럼 해주신 말씀이 "된다. 된다. 하면 된다."라는 긍정의 메시지였다고 합니다. 그 말씀에 힘을 얻었고, 이제 하나씩 하나씩 다시 하고 있다고 합니다.

"된다. 된다. 하면 된다."

그래요. 하려고 하는 사람에게는 안 되는 일이 없고, 안 하려고 하는 사람에게는 되는 일이 없겠지요. 쉬운 일도 안 하려고 하면 안 되고 어려운 일도 하려고 하면 언젠가 이루어지는 것이 진리입니다.

영어에서 가장 용기를 주는 표현도 "You can do it. 너는 할 수 있어."이죠. 누가 나에게 '하면 된다.' '너는 할 수 있어.'라고 용기를 줄 때 우리는 큰 위안을 얻고 힘을 얻습니다.

긍정의 메시지, "된다. 된다. 하면 된다." 네. 됩니다. 꼭 됩니다. 믿음을 갖고 정성을 다하면 됩니다. 대입도, 취직도, 결혼도, 진급도, 사업 성공도, 우리의 마음공부도 된다. 된다. 하면 됩니다.

이제부터라도 나에게 "된다. 된다. 하면 된다."라고 주문을 걸고 너에게도 "된다. 된다. 하면 된다."라고 주문을 외워주면 어떨까요?

○ 원기102년 4월 21일

꽃 피는 봄, 대각을 이루시다

1916년 4월 28일, 오늘
영광 땅 길룡리 노루목 새벽 아침은 어떠했을까?

26세의 청년, 대종사
오랜 구도 끝에 드디어 깨달음을 얻으신 그 기쁨은 어떠했을까?

깨달음의 순간
노루목에는 어떤 꽃이 피어났고 누구와 함께 기쁨을 나누었을까?

꽃 피는 봄날 아침! 오늘이 그날입니다.

봄은 꽃을 피우는 계절입니다. 산하대지에 온갖 아름다운 꽃들이 피어있습니다. 온통 새 생명의 환희를 느낄 수 있는 신비로움으로 가득 차 있습니다.

배봉산 산책길에서 화사하게 피어난 꽃들을 바라봅니다. 울긋불긋 꽃 대궐을 이루고 있습니다. 가만히 바라보노라면 마냥 신기하기만 합니다. 속으로 이렇게 속삭여 봅니다.

'네가 어디서 이렇게 나왔니?'

천지의 봄기운을 받아 갖가지 꽃을 피우고 나뭇잎들은 연녹색으로 온 산을 물들였습니다. 꽃을 피우고 잎을 틔우기 위해 이렇게 아름다운 새 생명의 잔치를 위해 천지는 그렇게 봄을 준비해 왔습니다.

20여 년의 구도 끝에 얻은 우주와 인생에 대한 큰 깨달음!
한 둥그런 진리의 빛으로 피어났지요.

천지자연의 오묘한 조화로 봄꽃을 피워내듯이 일체 생령의 구원의 염원으로 깨달음의 꽃은 피어났습니다.

"네가 그 봄꽃 소식해라."

이제 그 꽃을 내가 피워낼 차례입니다.
깨달음의 꽃, 은혜의 꽃으로 활짝 피워내야 합니다.

나의 걸음걸음마다 깨달음의 꽃, 무궁화로 피어나고
내 음성이 메아리치는 곳에서 은혜의 꽃, 일원화로 피어납니다.

소태산 대종사의 깨달음의 빛이 은혜와 사랑과 희망으로
다시 꽃피어 나길 간절히 소망합니다.

○ 원기102년 1월 28일

지도자의 덕목

계절의 여왕 5월입니다. 저는 유난히 신록의 계절 5월을 좋아합니다. 연녹색을 펼쳐놓은 싱그러운 자연을 경이로움으로 바라보며 탄성을 자아냅니다.
이렇게 아름다운 계절에 우리는 국가의 운명을 책임질 큰 지도자, 대통령 선거를 앞두고 있습니다. 국내외적으로 혼란과 위기 상황에 대한민국이 이제 새로운 희망으로 나아가야 할 때입니다.

경산 종법사님께서는 지난 4월 28일, 대각개교절 경축법문으로 '지도자의 덕목'을 말씀하셨습니다.

"지도자는
지도받는 사람 이상의 지식을 갖춰야 한다.
지도받는 사람에게 신용을 잃지 말아야 한다.
지도받는 사람에게 사리私利를 취하지 말아야 한다.
지행합일知行合一이 되었는가를 늘 대조해야 한다."

그 어느 때보다도 어느 지도자를 선택하느냐가 매우 중요한 시점입니다. 국민의 지혜가 필요한 때입니다. 경산 종법사님께서는 우리 각자도 지적 능력과 신뢰성, 도덕성, 추진력을 탁마琢磨하여 가면 이 세상은 머지않아 낙원 세계가 될 것이라고 하셨습니다.

저는 이 모든 덕목의 기본은 '애민정신愛民精神'이라고 생각합니다. 국민을 사랑하는 마음으로 오직 국민을 바라보고 국민의 행복을 위해 노력하다 보면 바른 지혜가 샘솟을 것으로 생각합니다. 그 가운데 국민의 합력이 있을 것이고요.

저는 요즘 주권을 가진 국민의 책임을 다하기 위해 대통령 후보 TV 토론을 보기도 하고, 신문을 유심히 살펴보기도 합니다. 투표의 기준으로 '지도자의 덕목'을 생각하면서 말이죠.

우리 각자는 어떤 조직에서든지 또 한 사람의 지도자가 되기도 합니다. 가정, 직장, 단체 등 어느 조직이든지 지도하는 사람이 그 역할을 잘하는 것이 중요합니다. 참 지도자를 뽑는 것도 중요하고 나 스스로 지도 능력을 갖추는 것도 중요합니다.

오늘은 어린이날입니다. 앞으로 어버이날, 스승의 날, 성년의 날 등 감사와 사랑을 나누는 기념일이 이어집니다.
갓 피어나는 꽃과 싱그러운 신록처럼 삶의 활기와 행복의 꽃이 여기저기에서 피어나길 기원합니다.

○ 원기102년 5월 5일

가족법회, 효孝 콘서트

종로 3가 지하철역에서 우연히 본 이용부 님의 〈효孝〉라는 시입니다.

"어느 날
다정한 미소로 나에게 다가와
정情겨운
눈으로 바라보던 어머니

오늘따라 그리워
늘 마음 한구석

살아실 제 못해 드리었던 효孝

어디선가 애야!
큰 소리로 부르며 오실 것만 같아…."

지난 월요일은 어버이날이었습니다. 자식들은 존경과 감사의 마음을 다하지만, 못다 한 효에 대해 죄송스러움이 남고요. 부모는 오직 사랑으로 감싸준다고 하지만 자식에 대한 왠지 모를 미안함이 남습니다.

부모와 자식, 가장 가까우면서 소중한 인연입니다. 가족이라는 이름으로 하나가 되어 살아가는 우리 누구나 행복한 가족을 꿈꿉니다. 행복은 그냥 오는 것이 아니죠. 우리가 함께 행복의 씨를 뿌리고 가꾸었을 때 행복의 열매를 맺을 수 있습니다.

내일모레 14일(일)은 이문교당 가족법회 일입니다. 5월은 가정의 달인 만큼 좀 특별하게 '가족법회 효 콘서트'라는 이름으로 함께하고자 합니다. 콘서트라고 해서 유명 가수의 공연이 있는 것은 절대 아니고요. 교도들이 꾸미는 알뜰한 공연으로 가족의 따뜻한 정을 확인할 수 있는 시간으로 준비합니다.

콘서트 프로그램은 이렇습니다.
- 가족 행복 기도
- 카네이션 꽃 달아 드리기
- 딸이 올리는 편지
- 어머님 은혜 노래
- 우리 집 가훈을 주제로 한 설교
- 서윤이네 가족 노래자랑
- 내가 노래왕
- 경기민요 청춘가

감사와 사랑으로 하나 되는 가족 법회에 정겨운 마음으로 초대합니다. 함께하면 행복합니다.

○ 원기102년 5월 12일

교무훈련 중

저는 교무훈련 참석차 익산 중앙중도훈련원에 와 있습니다. 원불교 교무는 1년에 한 차례씩 1주일간 의무적으로 정기훈련을 이수해야 합니다. 녹음이 짙어가는 5월 중순 훈련원의 자연은 청량한 기운으로 가득 차 있습니다. 오늘 아침 좌선 때엔 맑고 깨끗한 새소리에 마음이 밝아져 더욱 좋았습니다.

좌선, 염불, 강의, 강연, 회화, 개인 정진, 봉공 작업 등 정기훈련 11과목 중심으로 편성된 훈련 프로그램은 그동안의 공부를 점검하고 체질화하는 좋은 기회입니다. 이번 훈련에서는 특히 좌선에 적공하는 시간을 가지려고 합니다.

저의 훈련 유무념은 '기쁘게 훈련 참석하기'로 정했습니다. 42명이라는 적은 수의 교무님이 참석했기 때문에 좀 더 적극적으로 참여해야 하는 것도 있고 단장을 맡게 되어 이왕 하는 훈련이라면 기쁘게 하기로 마음먹은 것입니다.

교무에게 훈련은 당연히 이수해야 하는 의무 과정이 아니라 휴식과 재충전의 시간입니다. 걱정 근심 모두 내려놓고 오직 주어진 훈련 과정에 몰입하려고 합니다.

생각을 텅 비우기도 하고 산길을 걸으며 대자연과 호흡하면서 천지합일天地合一의 심경도 누려볼까 합니다. 때로는 동지들과 얘기 나누며 위로와 격려, 칭찬도 나누고 싶습니다. 공부와 교화 이야기도 빼놓을 수 없고요. 또 환상적인 자연을 바라보며 홀로 깊은 침묵과 사색을 즐기고 싶습니다.

'우리는 왜 마음공부 하는가?'

당연히 생각했던 물음을 강조하여 던지신 훈련원 원장님의 물음에도 답을 얻어 볼까 합니다.
이 물음에 같이 생각해 보면 어떨까요?
오늘도 행복하시길 기원합니다.

○ 원기102년 5월 19일

먹는 선, 선식禪食

일반적으로 선식은 자연 건강식으로 특히 채식 위주로 위에 부담을 주지 않으면서 정신을 맑게 하는 것으로 알려져 있습니다. 그런데 오늘 제가 소개하는 선식은 먹는 음식이 아니라 음식을 먹는 방법입니다. 선식은 선의 마음으로 식사하는 것이며 먹는 것이 바로 선禪이 되게 하자는 것입니다.

지난 교무 훈련 때 선식禪食을 경험했는데요.
선식의 방법을 소개하면, 당연히 식사 때는 묵언默言을 하고요. 먹는 것에 오로지 일심을 다해야 합니다. 일심을 다한다는 것은 나의 감각이 깨어있다는 것이고, 먹고 있는 나를 알아차리는 것입니다.

밥을 떠서 먹은 뒤 바로 숟가락을 놓습니다. 그 이후에는 천천히 밥알을 씹습니다. 반찬을 먹을 때도 마찬가지입니다. 젓가락으로 반찬을 집어 먹은 뒤 젓가락을 놓은 채 반찬을 천천히 씹으면서 맛을 음미합니다.

먹는 느낌이 그대로 전달됩니다. 턱관절의 움직임과 근육의 움직임까지도 느껴집니다. 윗니와 아랫니가 부딪치는 소리, 혀의 놀림을 느끼고 입안의 모든 세포가 살아 움직임을 느낍니다.

음식 씹는 소리가 그렇게 큰 것인 줄 이전엔 잘 몰랐습니다. 이전에는 맛에 집중하지 못하고 급히 삼켜버렸다면 지금은 음식이 가진 고유의 맛을 음미합니다. 쓴맛, 신맛, 단맛, 짠맛 등 각각의 맛들이 세밀하게 전달됩니다.

먹는다는 것이 때우거나 해치우는 것이 되어서는 안 됩니다. 먹음으로써 내가 존재함을 깨닫고 먹음으로써 음식의 소중함과 생명력을 느껴야 합니다. 그 가운데 내가 살아 있음에 기쁨과 감사를 느끼게 됩니다. 이렇게 입을 중심으로 나의 신경세포들이 깨어나고 음식 하나하나와 내가 만나는 절묘한 체험을 합니다.

바쁜 세상에 어떻게 선식을 할 수 있느냐고요?
매일, 식사 때마다 할 수는 없겠지요. 그래도 요일을 정해놓고 최소 1주일에 한 번 정도는 선식에 도전해 보면 어떨까요?

마음에 여유를 찾고 음식에 대한 고마움을 느끼고 그 무엇보다도 내 몸과 음식이 만나서 빚어내는 환상적인 조화를 맛볼 수 있지 않을까요?

무엇을 먹느냐보다 어떻게 먹느냐가 더 중요합니다.
당장 오늘 점심부터 선식으로 몸과 마음이 두루 행복하시길 기원합니다.

○ 원기102년 5월 26일

타는 목마름

매일 30도를 오르내리는 무더위가 지속되고 있습니다. 저녁에는 잠자기가 힘들 정도로 덥습니다. 개인이 느끼는 이런 더위쯤이야, 샤워 한번 하고 선풍기 틀면 해결될 일이기도 합니다.

그런데, 이 땅이 가뭄으로 시름을 앓고 있습니다. 비가 좀 와야 하는데 비다운 비가 오지 않아서 걱정입니다. TV 뉴스 화면을 통해 본 저수지 바닥은 그야말로 거북이 등처럼 쩍쩍 갈라져 있습니다. 대지가 타는 갈증에 신음하고 있습니다.

더위가 이어지면서 제 몸 움직이는 것도 게을러지고 있습니다. 최근 배봉산 산책도 좀 뜸했습니다. 땀이 날까 봐, 얼굴이 탈까 봐 주저합니다. 땅은 저렇게 타들어 가고 있는데도 저는 제 몸과 안위만을 챙기는 나약함에 빠져 있습니다.

자연의 목마름은 천지가 해결할 수밖에 없습니다. 그래서 천지는 큰 은혜임과 동시에 무한한 위력을 갖고 있습니다. 보이는 모습은 살림과 죽임으로 나타나지만, 천지자연은 무한한 생명력을 지니고 있습니다.

그런데 타들어 가는 것이 또 있습니다. 우리들의 정신이 목마름에 갈증하고 있는 것이죠. 욕망을 채우기 위한 갈증은 오히려 우리의 맑고 깨끗한 정신 기운을 태워버립니다. 그래서 우리의 마음 땅은 쩍쩍 갈라지고 있습니다.

스스로 생명수를 찾지 못하고 있고 가까운 저수지에서 물을 길어올 생각도 하지 못합니다. 메말라가는 정신에 생명수를 공급해 주는 것도 제 역할을 못 하는 것 같아 안타깝습니다.

뭔지 모르게 바쁘게 돌아가는 세상
몸과 마음도 정신없이 고갈시켜 버리는 일상들
성공이라는 이름으로 욕망을 채워가는 경쟁들
다그치듯 쫓기듯 내몰리는 정신의 황폐

아직 심한 갈증을 못 느낀 탓일까요?

하루빨리 오랜 가뭄에서 벗어나면 좋겠습니다. 타들어 가는 대지를 흠뻑 적셔주는 큰비가 한 번 시원하게 내리면 좋겠습니다. 정신의 갈증도 말끔히 씻어지면 좋겠습니다.

영성을 맑히고 밝히는 수양 공부로
우리의 삶에 은혜와 사랑의 강물이 흘러넘치길 기원합니다.

○ 원기102년 6월 2일

이 일을 어찌할꼬

지난 수요일 국립극장에 올려진 원불교 서사극 '이 일을 어찌할 꼬'를 관람했습니다. 원불교를 창건하신 소태산 박중빈 대종사의 일대기를 감동적인 연극으로 드러낸 작품이었습니다.

"이 일을 어찌할꼬."

원래 이 제목은 소태산 대종사께서 구도 과정에서 토해낸 탄식의 소리이자 큰 깨달음을 얻은 후 세상 구원을 위해 던진 물음이기도 합니다.

우주와 인생에 대한 궁극적 물음으로 시작된 구도 과정은 험난했습니다. 산신을 만나기 위해 5년 동안 하루도 빠짐없이 삼밭재에 올라 기도했으나 이룰 수 없었고, 바른 스승을 찾아 헤맸으나 이 또한 허사였습니다.
가세는 기울 대로 기울었고 몸은 폐인처럼 되어가는 극한 상황에서 구하고자 하는 도는 큰 깨침으로 이어지지 못했습니다. 캄캄한 벽이 가로막힌 참담함을 느꼈을 것입니다. 그래서 구도자 처화[소태산 대종사]는 깊은 탄식을 합니다.

"이 일을 장차 어찌할꼬."

수없는 물음을 자신에게 던졌을 것입니다. 그러한 걱정과 탄식은 절망과 포기가 아닌 더 깊은 구도와 용맹정진으로 이어졌습니다. 이제 그 한 생각마저도 놓고, 깊고 한없는 고요함 속에 들었고 드디어 동쪽 하늘에 해가 떠오르듯 둥그런 깨달음의 한 빛이 솟아올랐습니다.

소태산 대종사께서는 그 깨달음의 심경을
"청풍월상시淸風月上時 만상자연명萬像自然明"이라 읊으셨죠.
맑은 바람 불어 달 떠오를 때 만상이 스스로 밝아지더라.

우리는 무언가를 해결하고자 할 때 거기에 매달려 골똘히 생각합니다. '어떻게 하면 될까?' 이 '어떻게'라는 물음을 끊임없이 던지며 해결의 실마리를 찾습니다.

이 물음은 절망 속에서도 희망의 빛이 됩니다. 진리의 응답을 수신할 수 있는 안테나가 됩니다.

'이 일을 어찌할꼬.'

어두운 탄식이 아니라
삶의 어려운 문제를 해결하는 밝은 희망의 메시지가 되길 기원합니다.

○ 원기102년 6월 9일

화장실 전등 끄기

요즘 작지만 챙기는 일이 있습니다. 화장실 전등 끄기인데요. 이를 생활 속 유·무념 공부로 하고 있어요. 어제도 교구 교무회의와 출가단회가 있어 아침에 나갔다가 저녁에야 들어왔는데 그때까지 화장실 전등이 켜져 있었던 겁니다. 내가 필요할 때는 전등을 켜고 일을 마치고 나온 때에는 전등의 수고로움을 잊고 방치한 것 같아 미안한 마음이 들었습니다.

제가 이렇게 화장실 전등 끄기를 유념하는 이유는 전기를 아낀다는 것도 있지만 작은 일에서부터 제 마음 챙김을 살펴보기 위함입니다.

어떻게 하면 화장실 전등을 잘 끌까?

'그렇게 해야지.' 하는 마음만으로는 실천에 구멍이 생기기 쉽습니다. 제가 생각해 낸 것이 화장실 용무를 마치고 나올 때 화장실 문을 닫지 않는 것입니다.

습관적으로 바로 문을 닫고 다음에 스위치를 내리곤 했는데 그 짧은 순간에 방심하면 전등 끄는 것을 놓치게 되는 거죠. 그리고 시원한 마음에 급하게 나올 것이 아니라 천천히 나오기로 했습니다.

제가 왜 이렇게 장황하게 설명하는가 하면 유념 공부에도 요령이 있어야 하기 때문입니다. 구체적인 방법을 세워서 접근하면 유념 공부가 더 치밀해진다는 것이죠.

작은 방심이 커져서 나중에는 감당하지 못할 큰 사고를 불러일으킵니다. 그래서 작은 것은 결코 작은 것이 아닙니다. 우리가 꼭 챙겨야 할 일을 잘 챙기게 되면 마음에 힘이 쌓이게 됩니다.

유념 공부!
작은 일부터 실천해 보면 어떨까요?

화장실 전등은 꺼야 하지만
마음의 전등은 환히 밝히시길 바랍니다.

○ 원기102년 6월 16일

마음의 문을 여세요

얼마 전 '우리 동네 대문 열리는 날'이라는 제목의 TV 프로그램을 시청했습니다. 서울의 한 동네는 봄꽃이 예쁘게 피는 날 이틀간 대문을 활짝 열어 놓고 사람들을 맞이한다고 합니다.
대문이 열리자, 사람들이 드나들기 시작했고 높은 담장에 가로막혔던 정情이 건네어지고 그들은 곧 이웃사촌이 되었지요. 그래서 동네 전체가 대문을 열고 마을의 축제로 만들어가는 모습은 참 경이로웠습니다.
대문을 연다는 것은 먼저 마음의 문이 열렸다는 것이겠지요. 이렇게 마음의 문을 열면 세상의 많은 문들도 따라서 열리게 되지요.

저도 어떤 때는 그 마음의 문이 닫혀 있을 때가 있어요. 심지어 자물쇠까지 꽁꽁 채우기도 하죠.
마음에 상처가 심하면
실패와 좌절을 맛보면
사람에 대한 믿음이 무너지면
자신이 없고 무언가에 위축되어 있으면
가장 가까운 사람에게까지도 문을 닫는 것 같아요.

두려워 말고 용기를 내보면 어떨까요?
한꺼번에 활짝 열지 못하면 살짝 틈새라도 열어두면 그 틈으로 빛이 들어오고 바람이 들어올 거예요.
그래야 내 마음이 숨을 쉬고 그 빛으로 내 마음을 볼 수 있을 것 같아요.
이렇게 차츰 마음의 문을 열다 보면 어느새 내 마음이 활짝 열려 가지 않을까요?

그 열린 마음으로 가족, 친구가 들어오고 사랑하는 사람들이 들어옵니다. 어느새 좋은 마음을 가진 사람들이 마구마구 내 마음에 자리합니다. 그러면서 새로운 세상이 열리고 내 마음에도 한바탕 축제가 벌어지겠죠.
또 하나, 마음의 문을 열면 반가이 미소 지으며 기다리는 그분을 만날 수 있을 것입니다.
따뜻한 손 내밀며 행복의 세계로 안내해 줄 겁니다.

오늘로써 원만이의 편지가 200번째 배달됩니다.
지금까지 마음을 나눈 모든 분에게 감사드리고요. 앞으로도 300을 향해 동행하는 친구가 되어준다면 큰 기쁨이고 행복한 여정이 될 것입니다.

○ 원기102년 6월 23일

급히 말고 쉬지 말고

1년의 반이 지나고 있습니다. 올초에 세웠던 계획과 다짐들은 잘 실천되고 있는지요?
모든 게 처음 마음과 같지 않아서 혹 아쉽게 실천하지 못하는 일도 있을 거예요.

처음의 시작은 잘해보리라는 의욕과 열성으로 가득하지요. 하지만 시간이 지남에 따라 계획은 무디어지고 실행은 흐지부지하게 끝나 버리죠.

'급히 말고 쉬지 말고'

간단하면서 쉬운 이 말씀은 원불교 3대 종법사를 역임하셨던 대산 김대거 종사님의 법문입니다.

모든 게 급하면 탈이 나죠. 너무 빨리 이루고자 하는 마음이 일을 그르치게 됩니다.
빨리 성공하려 하고, 빨리 낫고자 하고, 무언가를 빨리 이루려고 하죠. 마음공부에도 욕속심欲速心은 병이 됩니다.
조바심 내지 않고 조심조심, 뚜벅뚜벅, 한 걸음 한 걸음 쉬지 않고 가는 것이 오히려 빠른 길이고 바른길이 됩니다.

물론 살다 보면 급하게 해야 할 일도 있어요. 머뭇거리고 뭉그적거리다 보면 해야 할 때를 놓치게 되는 경우가 있죠. 때늦은 후회를 하기도 하고요.
그런데 화급을 다투는 일도 평소 여유와 정성으로 단련된 마음이 필요합니다. 급한 일이라고 해서 마음조차 급해서는 안 된다는 것이죠.

무언가를 하다 보면 지칠 때가 있어요. 대부분 많은 사람이 이때 포기하고 싶은 마음이 나죠. 천천히 가더라도, 일이 좀 더디더라도 쉬지 않는 것이 중요합니다.

급하게 이루려 하기보다, 많은 것을 하려고 하기보다, 천천히 여유를 갖고 하나하나 차분히 하는 것이 중요합니다. '급히 말고 쉬지 말고' 말이죠.

이제 한 해의 반환점에 서 있습니다.
다시 새롭게 시작하는 마음으로
나머지 6개월을 소중하게 가꿔 가시길 기원합니다.

○ 원기102년 6월 30일

호박 한 덩이

교당에 아주 작은 텃밭이 있습니다. 정원 작은 땅에 호박과 가지를 심었더니 그것이 텃밭이 되었습니다.
한 교도님이 며칠 전 적당한 크기로 자란 호박 한 덩이를 따오셨습니다. 냉장고에 이틀 정도 모셔놓고, 저 호박을 어떻게 요리해 먹을까 고민했죠.

TV 요리 프로를 보다가 생각해 낸 메뉴가 호박 넣고 된장찌개를 끓이고 나머지는 부침개를 해 먹으면 좋겠다고 생각했지요.
바로 요리에 착수. 먼저 멸치와 다시마로 국물을 낸 다음 호박을 깍둑깍둑 썰어 된장찌개를 끓이고 이젠 부침개를 준비할 차례입니다.

때마침 지난주 법회 때 교도님이 나주 형님 댁에서 보내온 감자라며 큼지막한 감자 한 봉지를 주고 가셨는데요. 교당 호박과 나주 감자를 채 썰어 부침개를 부쳐 먹으니 혼자 먹는 혼밥 일지라도 성대한 만찬이 되었습니다.
오래간만에 작은 요리로 시간이 걸리고 설거짓거리가 많아지긴 했지만, 요리의 즐거움과 식사의 행복을 느낄 수 있었습니다.

목요일, 오늘은 저녁때가 되자 갑자기 하늘이 회색빛으로 변하더니 비가 마구 쏟아지기 시작했습니다.

이렇게 비 오는 날은 부침개가 제격이죠. 그래서 지난번 남겨두었던 부침개 반죽을 다시 꺼내었습니다. 비 오는 소리와 부침개가 지글지글 익어가는 소리가 환상의 하모니입니다.

호박 한 덩이!
천지님, 부모님, 동포님, 법률님. 사은님께서 주신 큰 은혜입니다. 오늘도 감사와 보은을 다짐하는 공양의 기도를 올리며 식사합니다.

"네 가지 크신 은혜 한데 어울려 알알이 은혜로운 거룩한 공양 몸은 길러 공도사업 더욱 힘쓰고 마음 길러 무상불도 이루어지이다."

사은님!
오늘도 이 소중한 음식을 주셔서
감사히 먹겠습니다.

○ 원기102년 7월 7일

가라앉아야 맑아진다

오랜만에 배봉산에 산책하러 갔습니다. 며칠간 계속된 장마로 산에 가질 못했는데 비가 갠 오늘은 상쾌한 기분입니다.
배봉산 입구에 들어서는데 수로를 통해 맑은 물이 흐르고 있었습니다. 얼마 전까지 가뭄으로 물 한 방울 없던 그곳에 물이 흐르니 유독 관심 두고 보게 됩니다. 순간 한 작은 깨달음이 생겨납니다.

'가라앉아야 맑아진다.'

너무나 당연한 이치이죠. 빗물이 땅속에 스며들고 땅속에서 정화 과정을 거쳐 맑은 물이 됩니다. 그 물은 다시 땅 위로 솟아올라 맑은 물이 자연스럽게 흐르게 됩니다.

비가 억수같이 올 때면 거친 빗물이 땅을 파헤치고 쓸어버리죠. 빗물과 흙이 섞여 흙탕물이 흐를 수밖에 없고요. 산책로 곳곳에 땅이 움푹 파인 상처가 보입니다.
그 흙탕물이 흘러내려 개울로 강으로 가기도 하지만 땅속 깊은 곳으로 스며들어 그 물은 거르고 걸러져 맑은 물이 됩니다.

가라앉아야 맑아집니다.

우리의 마음도 그런 것 같아요. 강한 경계가 오면 내 마음에도 흙탕물이 일게 되죠. 마음을 훅훅 파내어 상처를 내기도 하고요. 내 마음에 거친 비가 오면 이렇게 요란함을 일으키고 상처를 내기도 하지만 그 경계를 마음속 깊이 받아들이는 것이 중요할 것 같아요.

하나씩 하나씩 거르고 가라앉히다 보면 찌꺼기는 골라지고 맑은 마음이 고이게 될 것입니다. 맑은 그 물이 차고 넘치게 되면 나를 살리고 이웃을 살리는 은혜의 생명수가 됩니다.

요란함을 일으키는 경계가 왔을 때 상처가 나도록 막 해대지 말고 가만히 가라앉혀 보세요. 천천히 스며들도록 가만 놔둬 보세요.

생각도 가라앉히면 깊어지고 넓어집니다.
거친 마음도 가라앉히면 맑아지고 고요해지고 평화로워지고 밝아집니다.

○ 원기102년 7월 14일

지금, 이 순간

"지금, 이 순간을 놓치지 말라.
'나는 지금 이렇게 살고 있다'라고 순간순간 자각하라.
한눈팔지 말고, 딴생각하지 말고 남의 말에 속지 말고,
스스로 살피라.
이와 같이 하는 내 말에도 얽매이지 말고 그대의 길을 가라."

지하철 외대역 벽보에서 본 법정 스님의 글입니다.
간단하면서도 마음공부의 핵심을 전하고 있죠.
한마디로 '지금, 현재에 깨어있으라'는 법문입니다.

시간이 순간순간 흘러가듯 우리는 변화할 수밖에 없는 존재입니다. 나의 몸도 내 생각도 끊임없이 변화합니다. 그 변화의 강물 속에서 현재 깨어있는 삶이 쉽지 않습니다.
지난 과거에 매달리고, 오지 않은 미래를 걱정하고, 번뇌 망상과 집착으로 현재의 마음이 이리저리 끌려다닙니다.

밥을 먹고 있으면 밥을 먹는 것에, 길을 걷고 있으면 길을 걷는 것에, 누군가와 대화하고 있으면 대화하는 것에, 맑은 정신으로 깨어있는 것이 중요합니다.

산길을 걸었습니다. 푸른 나뭇잎이 눈에 들어오고 맑은 새소리가 귀에 들려옵니다. 땅을 내딛는 감촉이 느껴지고 스쳐 지나가는 바람이 몸으로 들어옵니다. 내가 숨을 쉬고 있고, 내가 살아있다는 것을 순간 깨닫게 됩니다.

지금, 이 순간 있는 그대로를 받아들입니다.
어떤 다른 생각에 묶이지도 않고, 나라는 존재도 의식하지 않고, 지금, 이 순간에 진정한 존재들과 만날 수 있습니다.

지금, 이 순간 맑은 정신으로 깨어있습니다.
금세 평화가 깃들고 새로운 창조의 에너지가 솟습니다.
은혜가 충만해집니다.

○ 원기102년 7월 21일

내려놓기

바야흐로 여름휴가 기간입니다.
휴가 계획은 잡으셨나요? 제가 있는 이문교당도 이번 주 법회는 휴가 법회로 대체합니다. 저 같은 경우, 가족들과 시간 조절이 여의찮아 우선 교당을 열심히 지키고 있습니다.

휴가는 일에서 벗어나는 휴식을 의미합니다. 우리 삶에 휴식이 필요하죠. 매일 달릴 수는 없으니까요. 몸도 마음도 쉬어야 새로운 에너지가 충전됩니다.

'내려놓기'

불가에서는 '도방하都放下'라고 합니다. 모두[都] 아래로[下] 내려놓는다[放]라는 뜻이죠. 지게에 잔뜩 짐을 지고 있다가 그 짐을 아래로 딱 부려버리면 얼마나 가볍게 느껴질까요?

그런데 현실에서 내려놓기가 쉽지 않습니다. 일도, 생각도, 인연도 그렇습니다. 어딘가에 묶여있고, 붙잡혀 있습니다. 놓으면 편안해지는데 오히려 내려놓기에 대한 두려움이 있습니다.

과감히 용기 있게 내려놓아 보세요. 내가 붙잡고 있는 것도 사실 알고 보면 실체가 없는 허상일 뿐이고 시간이 지나면 덧없는 무상한 것일 수도 있습니다. 지금 당장은 이게 전부로 느껴질 수 있지만 집착하고 있는 생각을 놓으면 한결 가벼워집니다.

내려놓는다는 것은 결국 나를 내려놓는 것입니다. 아상我相을 놓고 나 없음의 무아無我가 되면 내려놓기는 자연스럽게 이루어집니다.
한 움큼도 되지 않는 욕심을 꽉 쥐고 있으면 그보다 더 많은 소중한 것들을 놓치게 됩니다. 사랑도 미움도 놓았을 때 참사랑이 보이고 옳고 그름도 내려놓으면 참 옳음이 나타납니다.

때로는 허공에 내던지고 또 때로는 땅 위에 툭 내려놓으세요. 하늘과 땅은 다 받아주고 다 품어 주십니다. 나를 놓는 것이 진정한 내려놓음이라는 것을 잊지 마시고요.

여름휴가 기간만이라도 일로부터 휴식 시간을 갖고 그동안 나를 힘들게 했던 여러 생각의 집착으로부터 나를 놓는 시간을 가져 보시길 바랍니다.

홀가분한 마음의 평화가 함께 하시길 기원합니다.

○ 원기102년 7월 28일

습관이 행복한 사람이 행복하다

영화평론가 이동진은 "삶을 이루는 것 중 상당수는 사실 습관이고 습관이 행복한 사람이 행복한 것이다."라고 말합니다.
습관의 특징은 소소한 것들이고, 반복되는 일상들입니다. 그 습관이 행복감을 느낄 수 있는 습관이고, 그 습관의 종류가 많다면 그 사람은 당연히 행복한 사람이라 말할 수 있겠죠.

습관이란 게 참 무섭습니다. 작게 느껴질지 모르지만, 자기 행복과 불행을 좌우합니다. 한번 길든 습관을 바꾸기는 쉽지 않습니다. 그래서 좋은 습관은 길러나가고 나쁜 습관은 고치는 것이 우리의 공부이지요.

지금 당신의 습관은 행복을 향해 가고 있는지요?

사실, 습관은 한두 번의 노력으로 이루어지지 않습니다. 끊임없는 반복훈련이 낳은 결과입니다. 굳이 애쓰지 않아도 내 몸과 마음이 움직입니다. 오랫동안 저절로 익힌 행동입니다. 아직 행복의 습관이 길들지 않았다면 꼭 해야 하는 습관을 만들어 보세요.

나를 행복하게 하는 일들이 무엇일까요?
어떤 때 행복하시나요?

어린 시절부터 행복한 습관을 길들이는 것이 매우 중요한 것 같아요. 부모의 가장 큰 가르침은 아이들에게 행복한 습관을 찾아 주고 길들여가게 도와주는 것이라고 생각합니다.

저 같은 경우, 거의 매일 1시간 정도의 산책을 하고 저녁 심고를 모신 뒤에는 3~40분 정도 요가를 합니다. 매우 큰 행복감을 느낍니다. 또 가끔은 가족끼리 좋은 영화를 보고 맛있는 식사를 합니다. 이때 가족 간 대화의 시간을 갖는 것도 우리 가족이 만들어가는 행복한 습관입니다.

'행복은 기쁨의 강도가 아니라 빈도'라고 합니다. 강력한 한방을 통해 얻는 행복이 아니라 매일 반복되는 일상에서 얻는 행복이 진정한 행복이고 지속 가능한 행복입니다.

우리의 행복을 위해 매일 반복하는 행복한 습관 한두 가지 정도는 있어야 하지 않을까요?
오늘도 행복한 습관을 이어 나가시길 기원합니다.

○ 원기102년 8월 4일

종합건강검진

최근에 가까운 지인이 종합건강검진을 받았습니다. 평소 두통과 몸의 잦은 피로를 가까이서 지켜봤기에 그 검사 결과에 저 또한 긴장되긴 마찬가지였습니다. 다행히 큰 걱정을 하지 않을 정도여서 안심했습니다.

종합건강검진은 병을 미리 예방하고 조기에 치료하는 목적을 두고 있죠. 어느 한 부분만이 아니라 몸 전체의 건강 정도를 체크합니다. 저도 지난해 건강검진 결과 고혈압 증세가 나타나서 크게 경각심을 갖게 되었습니다.

건강검진 이후로 운동과 먹는 것을 주의하고 있고 병원에서 처방해 준 약을 하루도 빠지지 않고 복용하고 있습니다. 가족력이 있어 특별히 주의하고 있기도 합니다.

몸에 있어 종합건강검진을 하는 것처럼 마음도 종합건강검진을 받으면 얼마나 좋을까요?

"지금 당신의 마음 병은 ○○입니다.
앞으로 이런 병에 걸릴 위험이 있으니
해야 할 것은 ○○이고, 하지 말아야 할 것은 ○○입니다."

좀 더 자세한 진단과 치료를 위해서는
마음 병 치료 의사에게 상담하시기를 바랍니다."

몸이 아프면 어떻게 합니까?
시간과 돈을 들여 치료에 온갖 정성을 다하지요. 좋다는 약, 용하다는 의사를 방방곡곡 찾아다닙니다. 그런데 마음의 병은 병인 줄도 모르고 치료해 볼 생각도 내지 않습니다.

소태산 대종사님께서는 마음 병을 치료해야 하는 중대한 이유를 이렇게 말씀하시죠.

"마음에 병이 있으면
마음이 자유를 잃고 외경의 유혹에 끌리게 되어
아니 할 말과 아니 할 일과 아니 할 생각을 하게 되어
자기 스스로 죽을 땅에 들기도 하고,
자기 스스로 천대를 불러들이기도 하고,
자기 스스로 고통을 만들기도 하여,
죄에서 죄로, 고에서 고로 빠져들어가
다시 회복할 기약이 없게 되나니라."

누구나 다 아는 얘기지만 행복과 불행이 마음에 달려 있습니다.
마음이 건강한 사람이 행복한 사람입니다.
병을 키워서는 안 된다고 말하죠. 병은 치료보다 미리 예방하는 것이 최선이라고 했습니다.

2년에 한 번씩 건강검진을 받듯이 마음 병 또한 주기적으로 종합검진을 받을 필요가 있습니다.

어떠세요. 마음 병 종합건강검진 한번 받아보시겠어요?

○ 원기102년 8월 11일

버림과 바침

입추가 지나서인지 아침저녁으로 불어오는 바람이 참 선선합니다. 어느새 가을은 우리 곁에 살며시 다가와 풍요로움을 손짓합니다.

오는 8월 21일은 원불교 기념일 중 하나인 법인절法認節입니다. 법인절은 소태산 대종사님과 아홉 분 선진께서 하늘에 사무치는 기도 정성으로, 법계로부터 인증을 받은 것을 기념하는 날입니다.

그분들의 기도는 특별했습니다. 자신과 가정을 위한 기도가 아니었고 창생을 위한 기도였고, 세상을 위한 기도였습니다. 가장 소중한 목숨까지 내놓을 각오로 올린 기도였습니다.

뜨거웠던 여름의 한복판에서 창생의 구원을 위해서는 죽어도 여한이 없다는 사무여한死無餘恨의 기도 정성이 마침내 백지혈인白指血印이라는 법인성사로 나타났죠.

오래전 스승님께서 이렇게 말씀하시더군요.

"법인절, 이날이 오면 웬일인지 많이 버리고 싶고, 많이 바치고 싶은 심정이 더욱 간절해진다."

저 자신을 뒤돌아봅니다.

'버릴 수 있느냐, 바칠 수 있느냐.'

걸리는 게 많습니다. 아끼는 것, 소중하게 생각하는 것. 버리고 바치기가 쉽지 않습니다.
조그마한 물건 하나도 내 것으로 고집하는 경우가 많습니다. 따뜻한 마음, 다정한 말 한마디 건네는 것도 주저합니다. 계속 나만을 위해 아끼고 쌓아두려 합니다.

버려야 가벼워지죠. 가벼워져야 마음을 마음대로 할 수 있는 자유가 생겨납니다. 최소 일주일만이라도 가지고 싶다는 생각을 벗어나 버리고, 주고, 바치는 마음으로 살아가면 좋겠습니다.

여름은 이제 가을에 자리를 내어줍니다.
그 자리에 가을의 향기가 새롭게 피어나고 있습니다.
멋진 가을의 시작점에서 당신의 행복을 기원합니다.

○ 원기102년 8월 18일

조금만 올라가면 됩니다

지난 월요일과 화요일 1박 2일 일정으로 영산성지를 다녀왔는데요. 그 이야기를 할까 합니다.

화요일 새벽 5시에 삼밭재를 향해 출발했습니다. 상황은, 어두컴컴한 새벽에 험한 산행을 하기에는 불편한 교도님이 계셨습니다. 하여 짧은 시간 내에 갈 수 있는 영광국제마음훈련원 뒤쪽 코스로 올라가기로 했습니다.

이 코스는 저도 가본 적이 없어 걱정되었지요. 미리 알아본 바에 의하면 훈련원 주차장에 차를 주차하고 1~2분 정도 걸어 올라가면 삼밭재에 도달할 수 있다고 합니다. 제대로 가려면 1시간 정도 걸리는 거리를 말이죠.

일행 아홉 명이 어둠을 뚫고 훈련원 주차장에 도착하여 삼밭재에 올랐습니다.
1분, 2분….
금세 삼밭재가 나올 것 같았는데 한참을 갔는데도 어둠 속에서 길은 계속 남아있었습니다.

"조금만 더 올라가면 나올 거예요."

그러기를 몇 차례….
길은 더 가팔라지고 비 온 뒤 습기와 더불어 온몸이 땀으로 흠뻑 젖었습니다. 급기야 앞선 팀과 뒤처진 팀으로 나눠집니다.

한참을 더 오른 뒤 발견한 주차장 표지판! 그때서야 이곳이 삼밭재를 가기 위한 최종 주차장이란 걸 알게 되었죠. 그곳에서도 몇 분을 더 오른 뒤에야 우리의 목적지인 삼밭재에 도달할 수 있었습니다.

가는 길에 대한 정보를 잘못 파악한 탓에 1, 2분만 가면 도착한다는 희망 고문이 되었고, 본의 아니게 제 말은 양치기 소년의 거짓말이 되었습니다.

이번 일로 앞에서 이끄는 사람은 정확히 알고 대중을 잘 인도하는 것이 중요함을 깨달을 수 있었지요. 아무튼 이때 아니면 언제 다시 올지 모르니 꼭 가야겠다는 신심 장한 교도님들이 감사할 따름입니다. 아픈 허리와 불편한 다리에 힘드셨을 텐데 말이죠.

힘들게 올라서인지 삼밭재에서 맞이한 맑고 신령스러운 새벽 기운과 함께 기도 터에서 올린 교당신축 천일기도는 더 큰 감동으로 다가왔습니다.

언제 한번 '삼밭재 기도' 함께 가실래요?
이젠 제 코스로 안내해 드리겠습니다.

"조금만 올라가면 됩니다."

당신에게 희망의 메시지가 되면 좋겠습니다.
　　　　　　　　　　　　　○ 원기102년 8월 25일

이 또한 지나가리라

"이 또한 지나가리라."
배봉산 산책길에서 만난 글귀입니다. 절묘하게도 산책길 오르막에 이 글이 있더군요.

원래 이 글은 유대인의 지혜서 『미드라쉬』라는 책, '다윗왕의 반지'에 나오는 이야기라고 합니다.
이 글은 힘들고 어려운 일을 당했을 때 많은 사람에게 위안이 되고 희망의 메시지가 되기도 합니다.

슬픔과 고통이 왔을 때 그 시간이 길어지고 힘들어질 때 내 힘으로는 도저히 이겨낼 수 없다고 느낄 때 신神은 나에게 나지막이 속삭입니다.

'이 또한 지나가리라.'

시간이 지난다고 해서 반드시 해결되는 건 아니지만 일단 마음에 위안은 되지요. 그리고 내가 애써 잡지만 않는다면 저 스스로 지나가기도 합니다.

힘든 일만, 고통스러운 일만 지나가는 것은 아니죠. 기쁘고 좋은 일도 지나갑니다. 영원했으면 하는 세상의 좋은 것들도 이 또한 지나갑니다.
흐르는 물을 다시 돌려세울 수 없듯이 나를 마주하는 모든 것들 또한 변하고 지나가기 마련입니다. 이것이 진리이죠. 그래서 인생무상이고 만물 또한 무상합니다.

묶일 것도, 집착할 것도 없습니다.
슬픔과 고통도 기쁨과 즐거움도 잘 맞이하고 잘 보내야 합니다.

비는 그치고 파란 하늘이 드러납니다.
슬픔이 내 삶을 가두고 고통이 나를 뒤흔들어 놓아도 이 또한 지나갑니다.
맑은 하늘에 어느새 구름이 몰려옵니다.
기쁨이 넘쳐나고 즐거움의 노래가 가득 차더라도 이 또한 지나갑니다.

이제 가을의 문턱입니다.
여름은 지나고 새로운 가을을 맞이합니다.
시간이 흐른 뒤 이 가을 또한 지나갈 터입니다.

○ 원기102년 9월 1일

페이스메이커 [pacemaker]

영화 '페이스메이커'는 우리에게 희생, 꿈, 도전에 관해 이야기합니다.
페이스메이커는 스포츠 경기에서 우승 후보의 기록을 단축하기 위해 전략적으로 투입된 선수입니다. 말 그대로 속도를 조절해주는 역할을 하죠.

마라톤의 풀코스는 42.195㎞. 하지만 페이스메이커의 결승점은 언제나 30㎞입니다. 메달도, 영광도 바랄 수 없죠. 오직 누군가의 승리를 위해 30㎞까지만 선두로 달려주는 것. 그것이 페이스메이커의 목표이자 임무입니다. 그래도 언젠가 한 번은 오로지 나 자신을 위해 달리고 싶은 꿈을 가지고 있습니다.

우리 인생을 장거리 마라톤에 비유하곤 하죠. 그래서 마라톤 코스를 완주하기 위해서는 페이스 조절이 매우 중요합니다. 초반에 너무 빨리 달리면 쉽게 지치고 너무 느리면 제 목표에 도달하기 힘듭니다. 능력만큼, 목표한 만큼 페이스 조절이 필요합니다.

일의 성공과 삶의 행복을 위해 함께 달려주고 이끌어주는 사람들이 있습니다.
부모, 스승, 친구, 동료….

때론 칭찬과 격려로, 때론 걱정과 충고로 내 삶의 속도를 조절해 줍니다. 기쁜 마음으로 페이스메이커가 되어주죠. 큰 은혜이고 감사입니다.

마라톤은 결코 혼자 달리지 않습니다. 우리 삶도 마찬가지죠. 어울리며 함께 살아갑니다. 모두 도움을 주고받는 상생의 협력자입니다.

지금까지 나의 인생이 혹시 그 누군가의 페이스메이커 역할만 했다면 이제부터는 나 자신을 위한 달리기를 시작해 보세요. '자아 완성'이라는 거창한 수식어가 아니더라도 내 삶에 기쁨이 되고 행복이 되는 그 길을 달리는 거지요.

내게 남은 거리는 12.195㎞. 이제부터는 나 스스로 달려가야 합니다. 지금부터가 진정한 승부입니다. 나 자신과 싸워야 하고 이겨내야 합니다. 30㎞의 한계를 벗어나야 합니다. 결국 발을 내딛고 앞으로 나아가는 사람은 바로 '나'입니다.

이젠 나 자신을 위한
'페이스메이커'이길 기원합니다.

○ 원기102년 9월 8일

도반道伴

한 도반으로부터 전화 한 통을 받았습니다. 반갑게 인사를 건넸습니다. 특별한 사연이 있는 게 아니라 그냥 잘 있는지 궁금해서 전화한 것이라 합니다. 저 또한 그리운 도반한테 가끔 안부 전화를 하거나 문자를 보내기도 합니다.

'도반道伴', 도를 함께 닦아나가는 친구, 벗을 말합니다. 이 길을 함께 걸어가는 길동무입니다. 이해관계로 맺어진 친구가 아니라 같은 서원을 가지고 뜻을 함께한 동지, 법의 형제입니다.

출가 생활 32년, 이 길을 가면서 마음을 연하고 마음과 마음이 서로 통하는 도반들이 있습니다. 몸은 비록 멀리 떨어져 자주 만날 수는 없으나 서로 믿음으로 하나 되는 그런 법 동지들입니다. 마음 달을 서로 비춰 보는[心月相照] 사이들이죠.

우리에겐 공동의 목표가 있습니다.
'성불제중成佛濟衆', 부처를 이루어 널리 세상을 구원하는 일, 모두가 은혜의 세상, 행복한 낙원 세상을 만드는 꿈 말이죠. 그 꿈을 위해 각자의 일터에서 보은 봉공의 삶을 살아갑니다.

도를 닦는 수도의 길은 쉬운 길이 아닙니다. 때론 고행苦行의 길

이며, 번뇌 망상과 세상의 온갖 욕심 경계와 싸워야 하는 고전苦
戰의 길이기도 합니다.
그 길을 가는데 혼자가 아니라 누군가 함께 이 길을 간다는 것만
으로도 위안이 되고 큰 힘이 됩니다. 이끌어주고 격려해 주고 서
로 길잡이가 되어주기도 합니다. 그래서 도반은 아름다운 동행
同行입니다.

재가이건 출가이건 함께 이 공부 이 사업하는 우리는 모두 도반입
니다. 만나면 반갑고 헤어지기 아쉬운 그래서 항상 함께하고 싶은
그런 법의 형제들입니다. 인정人情과 법정法情이 넘치는 우리!
그래서 우리는 영원한 도반입니다.

오늘, 그리운 도반에게 오랜만에 안부를 묻습니다.

"평안하시지요?"
"귀댁 부처님은 잘 계시지요?"

○ 원기102년 9월 15일

법신불 사은님의 뜻

우리는 어떤 나쁜 결과를 받아들일 때 두 가지 유형이 있는 것 같습니다. 나타난 현상만 받아들이는 것과 이면에 감추어진 진리의 뜻을 찾으려 하는 것입니다.

아주 오래전, 정성껏 기도한 적이 있습니다. 기도만 한 것이 아니라 그 원을 이루기 위해 실지 불공도 열심히 했었지요. 그런데 원하는 결과를 얻지 못했습니다. 실망스러웠고, 기도의 위력에 대해 의심하기도 했습니다. 법신불 사은님을 약간 원망하기도 했습니다.

그 당시에는 법신불 사은님의 뜻을 찾으려 하지 않았습니다. 오로지 현재의 결과만을 놓고 법신불 사은의 은혜와 위력을 저울질했죠. 기도해도 소용없다는 불신과 원망으로 한동안 괴로운 생활을 하기도 했습니다.

그런데 얼마간의 시간이 흐른 뒤 저의 눈에 법신불 사은님의 뜻이 보이기 시작했습니다. 당신의 분명한 뜻이 있었고, 그 뜻을 읽게 되자 제 마음에 안정과 평화가 찾아왔습니다. 그 뜻이 분명해지자 은혜와 감사가 흘러나왔습니다.
아, 이런 뜻이 있으셨구나. 이것이 나를 살리는 길이었구나. 그

동안은 욕심에 가려 그 뜻이 보이지 않았던 겁니다.

뜻은 겉으로 드러난 결과가 아니라 속으로 간직한 마음입니다. 겉이 아닌 속에 깊은 뜻이 담겨 있습니다. 우리는 어리석게도 뒤늦게 그 뜻을 알아차리는 경우가 많습니다. 그래서 후회합니다. 진작 그 뜻을 알았더라면, 하고 말이죠.

혹시, 당신이 겪고 있는 이 슬픔과 고통은 분명 법신불 사은의 뜻입니다. 법신불 사은께서는 큰일을 시키려 함에 먼저 시험하시고 큰 복을 줌에 먼저 작은 재앙을 주신다고 했습니다.

뜻을 알면 모두가 은혜입니다.
내 뜻대로 사는 것이 아니라
법신불 사은님의 뜻대로 사는 우리이길 기원합니다.

○ 원기102년 9월 22일

가을 편지

"가을엔 편지를 하겠어요
누구라도 그대가 되어 받아 주세요
낙엽이 쌓이는 날
외로운 여자가 아름다워요."

고은 시인의 〈가을 편지〉 앞부분입니다.
편지, 낙엽, 여인….
가을은 우리에게 이처럼 서정적 아름다움으로 다가옵니다.

저는 가을 색을 쓸쓸함이 아닌 낭만과 풍요로 기억합니다.
이 풍성한 가을이 있기까지 천지자연이 베풀어준 은혜와 알찬 결실에 담긴 농부님의 땀과 정성을 생각해 봅니다.

가을 편지!
내가 그대에게 부치는 편지가 아니라 가을이 나에게 편지를 씁니다. 그대는 바로 나입니다.

높고 맑은 하늘이
휘청휘청 흔들리며 방긋 웃는 코스모스가
진한 향을 내뿜는 노란 국화가

형형색색으로 물들어 가는 단풍이
나에게 편지를 씁니다.
저는 이렇게 가을이 보내준 편지를 받습니다.

어제는 노랗게 익어가는 가을 들녘을 벗 삼아 피어있는 코스모스를 보며 가을 편지를 떠올렸습니다.
꽃이 피었다가 지는 것은 자연의 변화요, 오묘한 이치이겠지요.
가을의 풍요와 거둬들이는 자연을 통해 감사, 겸손, 내일의 준비를 생각해 보았습니다.

혹시 답답한 일이 있으면 높고 푸른 가을 하늘을 바라보며 심호흡 크게 한번 하시고요. 잠깐의 짬을 내 커피 한 잔의 여유 속에 이제 곧 물들어 가는 가을 단풍을 바라보는 것도 가을 낭만을 즐기는 멋일 듯합니다.

가을이 나에게 편지를 쓰듯이
나 또한
따뜻하고 다정한 눈길과 미소의
편지 한 번 보내는 것도 좋겠네요.

이 가을!
여유와 낭만, 풍요와 감사로
빼곡히 채우시길 바랄게요.

○ 원기102년 9월 29일

귀성, 귀경

추석 명절 잘 보내고 계시나요?
연휴가 길어, 여유 있게 보내고 계실 것 같은데요. 이번 추석 연휴엔 해외여행객만 100만 명 이상이라고 합니다.

저는 추석 당일 교당에서 추석 명절 조상합동향례를 모신 뒤 어머니가 계시는 익산에 다녀왔습니다. 내려가는 데 7시간 30분, 올라오는 데는 무려 8시간이 걸려 서울로 돌아왔습니다.

말 그대로 귀성, 귀경 전쟁을 치러야 했습니다. 내려가는 길은 혼자라 고생 고생했지만, 올라오는 길은 가족과 함께라서 이런 저런 이야기꽃을 피우다 보니 힘든 줄 모르고 왔습니다.

귀성歸省길은 고향 가는 길입니다. 부모님이 계시고 나의 뿌리가 있는 곳입니다. 조상의 묘를 살피고 은덕에 감사를 올립니다. 새들이 다시 둥지를 찾아들듯이 우리에겐 고향을 찾는 귀소歸巢 본능이 있습니다. 어머니의 품과 같이 그립고 포근한 고향, 그래서 귀성은 곧 귀향입니다.

귀경歸京길은 단순히 서울로 돌아오는 길이 아니라 현재의 내 집으로 돌아오는 길입니다. 고향에 부모님이 계신다면 내 집에는 사랑하는 가족이 있습니다. 또한 치열한 삶의 현장과 마주하는 곳이죠. 현실의 괴로움과 즐거움이 펼쳐지는 마당입니다.

마음공부를 하는 우리는 귀성과 귀경을 번갈아 오가는 여행자들입니다. 깊고 포근한 마음 고향을 찾아가기도 하고 치열한 온갖 경계 속에서 마음을 지키며 사용하기도 하죠.

내 마음에 고향을 간직하며 살아가듯이, 추석이 되면 고향을 찾아 부모님을 뵙고 조상의 묘를 살피듯이 우리는 돌아가 살피는 공부인이 되어야겠다고 생각해 보았습니다. 그리곤 다시 내 삶의 현장으로 돌아와 열심히 복락을 장만하는 것이지요.

아직도 연휴가 여유롭게 남아 있습니다. 휴식이든, 여행이든 남아 있는 시간도 알차고 행복하게 보내시고요.
가시고 오시는 길, 부디 안전하게 다녀오시길 기원합니다.

○ 원기102년 10월 6일

남한산성

영화 '남한산성'을 보았습니다. 1636년 12월 14일부터 47일 동안 남한산성에서 벌어진 그날의 치열했던 역사를 담고 있습니다. 남한산성에서는 순간의 치욕을 견디고 일단 청과 협상해 나라를 지키자는 주화파主和派와 끝까지 싸워 대의를 지켜야 한다는 척화파斥和派가 대립합니다. 마침내 인조는 삼전도에 나가 청 태종 앞에서 세 번 절하고 아홉 번 머리를 찧는 신하의 예를 맺는 삼전도의 굴욕을 맞게 되죠.

우리의 역사는 찬란하고 빛나는 역사도 있지만 이처럼 치욕적이고 가슴 아픈 역사도 있습니다. 역사는 보는 관점에 따라 달리 평가됩니다. 감독은 최명길과 김상헌 중 누가 옳았다가 아니라 둘 다 나라와 백성을 위한 충신의 모습을 그렸다고 말합니다.

저 또한 영화를 보면서 어느 한쪽에 치우치지 않고 양단을 다 살펴보면서 바람직한 판단을 해보려고 노력했습니다. 그러면서 나의 판단은 어떠할지도 생각해 봤습니다. 대의명분을 따를 것인가, 아니면 실리를 따를 것인가?

우리는 어느 순간 선택을 하게 됩니다. 쉽게 판단하고 선택할 수 있는 것도 있지만 그 주장이 양극단으로 대립할 때 합의와 타협

점을 찾는다는 것은 매우 어렵습니다. 그 당시는 최선이었을지 모르지만, 시간이 흐른 뒤 잘못된 선택일 수도 있습니다.
그래서 판단은 정확하면서도 빨라야 하죠. 그 판단에 따라 국가의 운명이 갈리기도 하고 개인의 성공과 실패가 결정되기도 합니다. 너무 이상적이거나 관념적이어서도 안 되고, 너무 현실에 매몰되어서도 안 되겠죠. 아무튼 국가나 개인에게나 최상은 그런 최악의 선택지로 내몰려서는 안 된다는 교훈을 얻게 됩니다.

남한산성을 보면서 마지막 결론은 '역사는 거울'이어야 한다는 것입니다.
정산 종사께서는 이렇게 말씀하셨죠.

"역사는 세상의 거울이라 하였나니,
이것은 어느 시대를 막론하고 모든 일의 흥망성쇠가
다 이 역사에 나타나는 까닭이니라.
~중략~
반드시 그때의 대세와 그 주인공의 심경과 그 법도 조직과
그 경로를 잘 해득하여야만 능히 역사의 진면을 볼 수 있고
내외를 다 비치는 거울이 될 것이니라."

이 가을이 가기 전에 남한산성에 가볼 생각입니다.
역사의 현상에서 현재와 미래를 비춰보고자 힘입니다.
나 자신의 역사에 대해서도 말이죠.

○ 원기102년 10월 13일

한 송이 국화꽃을 피우기 위해

저는 요즘 한 송이 국화꽃을 피우기 위해 소쩍새가 되어보고 천둥이 되어보기도 합니다. 매일 화분에 물을 주고 따스한 가을 햇살에 화분을 내놓기도 합니다. 가을을 꽃으로 채우기 위해 한 달 전 국화 화분을 사서 불단에 놓았었지요.

그런데 어찌 된 일인지 꽃망울들이 다 시들어 버렸습니다. 시든 꽃망울들을 하나하나 따내면서 미안함에 그 꽃들을 차마 제대로 볼 수가 없었습니다. 화원에서는, 밖에 내놓을 때는 매일 물을 주고 실내에 두면 2~3일에 한 번씩 주면 된다고 했는데 불단에 놓아둔 화분이 주인을 잘못 만난 듯합니다.

다시 국화꽃을 피우기 위해 정성을 다하고는 있는데 쉽지 않은 일입니다. 작은 꽃망울들이 다시 맺히기는 했는데 언제 그 꽃이 필지 기약이 없어 보여 애가 탑니다. 매일 아침 그 꽃망울들을 바라보며 빨리 피어나기를 기도하고 있습니다. 소쩍새의 울음과 먹구름 속 천둥의 마음으로 그 꽃을 다시 피워내기 위해 오늘도 정성을 모읍니다.

그런데 얼마 전 아름다운 노년을 물들이고 계시는 교도님께서 김용택 시인의 〈들국화〉라는 시를 카톡으로 보내 주셨습니다.

그 아름다운 시를 소개합니다.

"나는 물기만 조금 있으면 된답니다
아니, 물기가 없어도 조금은 견딜 수 있지요
때때로 내 몸에 이슬이 맺히고
아침 안개라도 내 몸을 지나가면 됩니다

기다리면 하늘에서
아, 하늘에서 비가 오기도 한답니다
강가에 바람이 불고
해가 가고 달이 가고 별이 지며
나는 자란답니다

그렇게 세월이 가고
찬 바람이 불면
당신이 먼 데서 나를 보러 오고 있다는
그 기다림으로
나는 높은 언덕에 서서 하얗게 피어납니다

당신은 내게
나는 당신에게
단 한 번 피는 꽃입니다"

인간이 가꾸는 아름다움보다 자연이 가꾸는 아름다움이 더 빛나

보입니다. 그래도 저는 오늘도 그 꽃에 물을 주고 따뜻한 햇볕을 쬐 줄 것입니다. 그 꽃잎이 다시 피기를 기도하면서 말이죠.

다투어 활짝 피어나는 국화 옆에서
수줍게 서보는 가을이 되길 기원합니다.

○ 원기102년 10월 20일

탁밧[Tak Bat]

라오스 문화 기행을 다녀왔습니다.
둘째 날, 전 도시가 문화유산으로 지정된 루앙푸르방에서 새벽 아침 불교의 탁밧 의식을 직접 볼 기회를 얻었습니다. 라오스, 미얀마, 태국 등은 소승불교의 전통을 가진 국가들로 탁밧은 불교의 전통문화 중 하나입니다.

어둠이 깔린 새벽 아침, 붉은 가사 장삼을 두르고 큰 스님이 먼저 서고 어린 동자승이 뒤를 따릅니다. 이른 아침 정성스레 준비한 따뜻한 밥 한 주걱을 퍼 스님의 동량 그릇에 담아드립니다. 신자는 합장하며 스님의 성불제중 성취를 기원하고 스님은 신자의 복을 빌어줍니다.

탁밧은 보통 '탁발'로 알려져 있는데요. 비구[수행자]는 끼니마다 반드시 남에게 빌어먹으라는 것입니다. 수행자에게는 무소유의 수행과 재가자에 대한 자비를 행하는 행위가 되며, 공양을 제공하는 사람에게는 공덕을 얻기 위한 복전福田으로 이해되기도 합니다.

금강경에서는 부처님과 제자들이 식사 때가 되어 수행처를 떠나 성에 들어가 차례로 돌아다니며 걸식을 한 후 돌아와 공양하는 모습이 그려져 있습니다.

가섭존자는 항상 가난한 사람들에게 가서 탁발했고, 아난존자는 부자들에게 가서 탁발했습니다. 가섭은 가난한 사람들에게 복덕을 지을 기회를 주기 위함이었고, 아난은 가난한 사람들에게 밥을 얻는 것은 그들을 더 힘들게 하는 것 같아 부자들에게 탁발합니다.

이런 상황을 들으시고 부처님께서는 "부자거나 가난하거나 지위가 높거나 낮거나 모두가 다 각기 괴로움을 지닌 중생이니 앞으로는 차례대로 탁발하라."라고 법문하십니다. 그래서 불교에서는 일곱 집을 가리지 않고 탁발하는 것이 부처님 당대 탁발의 모습이었습니다.

제가 라오스에서 본 탁발의 모습은 아쉽게도 그 본래 정신은 퇴색되고 관광상품으로 변질한 모습으로 보였습니다. 여행객들이 지정된 자리에 앉아 1인당 3불을 주고 산 밥과 과자를 스님들의 발우에 넣어주는 모습은 또 하나의 상업성으로 전락한 탁발의식이어서 씁쓸하기까지 했습니다.

시간이 지남에 따라 형식만 남고 알맹이 없는 의례와 문화만 남을 수 있습니다.

탁밧의 형식은 아니지만 우리들의 일상에서도 음식이나 물건, 돈 등을 주고받습니다. 줄 때는 상 없이 주고, 받을 때는 감사와 보은으로 받는 우리가 되면 좋겠습니다. 서로의 소원이 이루어지길 기원하면서 말이죠.

무소유와 겸손, 상 없는 존경과 보시의 정신은 계승되어야 한다는 교훈을 얻은 탁밧 의식이었습니다.

○ 원기102년 10월 27일

가을의 기도

"가을에는 기도하게 하소서
낙엽들이 지는 때를 기다려 내게 주신
겸허한 모국어로 나를 채우소서."

이 가을이면 생각나는 김현승 님의 시, 〈가을의 기도〉입니다.
시처럼, 이 가을엔 기도하고 누군가를 사랑하고 때로는 홀로 자신의 깊은 내면을 바라보면 좋겠습니다.

지난 1일에는 11월 월초기도를 올렸습니다.
기도문의 앞부분을 소개하면 이렇습니다.

"춘하추동의 변화로 끊임없이 가르침을 주시는 법신불 사은이시여!
만물이 겨울을 준비하는 11월입니다.
나무는 잎과 열매를 떨구고
가장 단출한 모습으로 눈바람을 이겨낼 것입니다.
덜어내고 비워내는 나무의 모습을 보며,
우리가 놓기 힘들었던 가지가지의 분별과 집착을
떨쳐내는 공부, 비우는 공부를 다짐하나이다.

아름답게 물들었던 단풍이
이제 한 잎 두 잎 떨어지기 시작합니다.
계절은 어느새 가을을 지나 겨울로 성큼 들어섭니다.
여름날의 푸르름으로 시원함을 주었던 모습에서
낙엽을 욕심 없이 떨어뜨리며
본래의 모습으로 되돌아가며 겨울을 준비하듯이
우리 공부인도 마음에 사심 번뇌의 근원인
본래심을 찾아서 적공하는 이 가을이 되면 좋겠습니다."

누군가의 기도를 받고 있다는 것, 참 행복하고 축복받은 일입니다. 누군가를 위해 기도한다는 것 또한 그렇습니다. 오늘 그런 마음으로 기도했습니다.

'다이돌핀'이라는 말 들어보셨나요. 엔도르핀의 4천 배에 해당하는 호르몬인데요. 감동하였을 때 '다이돌핀'이 생성된다고 합니다. 좋은 노래를 들었거나, 아름다운 풍경에 압도되었을 때, 전혀 알지 못했던 새로운 진리를 깨달았을 때, 엄청난 사랑에 빠졌을 때….

감동하는 우리가 되었으면 합니다.
굉장한 감동은 아니더라도 작은 감동이 은은하게 물결치는 삶이실 기원합니다.
행복한 주말 맞이하세요.

○ 원기102년 11월 3일

곶감을 깎으며

익산에 계신 어머니께서 택배로 대봉시를 보내오셨습니다. 100개가 넘는 큼지막한 감을 상자 가득 담아 따뜻한 정까지 함께 챙겨 보내셨습니다.

해마다 이맘때 익산 어머니 집 마당에 감나무가 탐스럽게 익어 갑니다. 14년 전 집을 지으면서 심었던 감나무도 이젠 제법 커서 올해는 500개가 넘는 감이 달렸습니다.
저절로 얻어진 수확은 아니겠지요. 거름도 많이 하고 중간에 농약도 두어 차례 한 결과 감도 많이 열리고 낙과도 적었습니다. 다 어머니의 정성과 천지자연의 은혜입니다.

100개가 넘는 감을 집에 다 놓을 수가 없어 대강 50개를 추려 교당에 가져왔습니다. 어찌할까 궁리 끝에 반절은 곶감으로 반절은 홍시로 익혀 먹기로 했습니다.
교당 옥상에 묵혀 두었던 항아리를 깨끗이 씻어 아직은 땡감인 대봉시를 홍시용으로 담았습니다. 차곡차곡 쌓인 감을 보면서 마음마저 풍성해졌습니다.

나머지 감은 곶감을 깎았습니다. 하나씩 껍질을 깎으면서 저절로 일심이 되고 기쁨과 감사로 채워졌습니다. 4층 부엌 베란다

쪽에 끈을 매달고 아래로 늘어뜨려 감을 걸었습니다. 바람이 잘 통할 수 있도록 창문도 열어두었고요.

창을 통해 바람이 들어오자, 감들이 이리저리 춤을 추기 시작합니다. 옹기종기 매달린 감들을 보면서 홀로 흐뭇한 미소가 흐릅니다.

식탁에 앉아 따뜻한 커피 한 잔을 마시면서 부엌 창으로 보이는 곶감이 될 감들을 바라봅니다. 가끔 말을 건네기도 합니다. 너무 오래 기다리게 하지 말아 달라고요.

내년에는 교도님들과 함께 나눠 먹을 정도로 더 많은 곶감을 깎아볼까 합니다. 어머니가 보내주신 감으로는 충당이 안 되겠지만 시장에서 좀 사서라도 더 많은 곶감과 홍시를 만들어 나누고 싶습니다.

올해 곶감과 홍시는 누구의 차지가 될지 모르지만, 숨 쉬는 항아리에서 익어가는 홍시와 햇빛과 바람에 곱게 말리는 곶감에 아름다운 가을날 추억과 행복이 함께 합니다.

○ 원기102년 11월 10일

운칠기삼 運七技三

운칠기삼은 운이 7할이고, 재주[노력]가 3할이라는 뜻입니다. 곧 모든 일의 성패는 운이 7할을 차지하고, 노력이 3할을 차지하는 것이어서 결국 운이 따라주지 않으면 일을 이루기 어렵다는 뜻이죠. 아무리 노력해도 안 되는 일이 있고, 적은 노력에도 운 좋게 일이 술술 풀리는 때도 있습니다.

살다 보면 기대치 않은 행운이 따르기도 하고 반면에 운 없는 놈은 뒤로 자빠져도 코가 깨진다는 말도 있죠.
행동경제학의 창시자 대니얼 카너먼은 "성공=재능 + 운"이고, "큰 성공=약간의 재능 + 큰 행운"이라고 말합니다.

최근에 『운을 읽는 변호사』라는 책을 읽었습니다.
일본의 한 70대 변호사가 50년 동안 의뢰인 1만 명의 삶을 분석한 책인데요. 결론은 운이라는 것이 하늘에서 정해진 것이 아니라 인간이 꾸준히 복을 쌓아옴으로써 이루어진다는 것입니다. 결국 운이란 본인이 지은 복의 결과라는 거죠.

사실 알고 보면 운이란 보이지 않는 노력의 결과입니다. 정산 종사께서는 "하늘은 짓지 않은 복을 내리지 않고, 사람은 짓지 않은 죄를 받지 않는다."라고 했습니다. 재능도 재능이지만 그 사람의 인격이 인덕으로 나타나고 그 인덕이 보이지 않는 운으로 작용한다고 볼 수 있습니다. 단, 현재의 성공이 자신의 노력만으로 이뤘다는 오만은 금물입니다. 누군가의 도움 또는 부처님이나 하느님의 은덕으로 이룬 성공이라고 생각하는 겸손함이 앞으로의 운을 지속시킬 수 있습니다.

현재 위치까지 이끌어온 운빨은 자신의 '빛'이 아니라 세상에 대한 '빚'입니다. 더 많이 받은 것은 더 많은 것을 나눠주고 공헌하라는 의미입니다. 혼자 독차지하려고 하면 운빨이 다하는 것이지요.

앞으로 운이 트이려면 어떻게 해야 할까요?

아침에 일어나서 명상하면서 감사한 마음을 가져보세요. 내가 감사한 마음을 가지면 내가 가진 분노와 화가 사라지고 세상을 밝게 볼 수 있습니다. 그러면 나를 중심으로 밝은 기운이 넘쳐 좋은 운이 오게 되고 나쁜 운을 사라지게 할 수 있습니다. 그리고 진짜 중요한 것은 드러나지 않는 음덕陰德을 쌓는 것입니다.

노력하지 않고 운에만 기대는 것은 어리석은 일입니다.
운이 없다고 한탄할 것이 아니라 운을 만들어가세요.
맞이한 운에 감사하고 보은하여 일마다 운수대통하시기를 바랍니다.

○ 원기102년 11월 17일

언어의 온도

이기주 작가의 『언어의 온도』라는 책을 읽었습니다. 작가는 언어에는 나름의 온도가 있다고 말합니다. 그가 쓴 서문 일부를 옮겨보면 이렇습니다.

"온기 있는 언어는 슬픔을 감싸안아 줍니다.
세상살이에 지칠 때
어떤 이는 친구와 이야기를 주고받으며 고민을 털어내고,
어떤 이는 책을 읽으며 작가가 건네는 문장에서 위안을 얻습니다.

용광로처럼 뜨거운 언어에는 감정이 잔뜩 실리기 마련입니다.
말하는 사람은 시원할지 몰라도
듣는 사람은 정서상 화상火傷을 입을 수도 있습니다.
얼음장같이 차가운 표현도 위태롭기는 마찬가지입니다.
상대의 마음을 돌려세우긴커녕 얼어붙게 합니다."

친구를 앞에 두고 "넌 얼굴도 예뻐"라고 하려다 실수로 "넌 얼굴만 예뻐"라고 말하는 순간, 서로 얼굴을 붉히게 됩니다. 글에도 어느 유행가 가사처럼 점 하나만 찍으면 '님'이 '남'이 되기도 합니다.

말과 글에는 그 사람의 마음이 담겨 있고 그 사람의 품위와 인격이 표현됩니다. 한 집단과 사회에도 말과 글의 품격이 있습니다. 기분 좋은 말과 글, 서로에게 믿음을 주고 살려주는 언어가 필요한 요즘입니다.

저도 가능하면 따뜻하면서도 살리는 말과 글을 쓰려고 하는데요. 아직은 부족한 것이 너무 많습니다. 한편, 가끔은 차가운 말과 글이 필요하겠다는 생각도 해봅니다.
농작물을 보더라도 따뜻함만으로는 성장하진 않잖아요. 이것은 자주 쓸 일은 아니고 부득이 쓸 때 몇 번 더 생각하는 신중함이 필요할 것 같아요. 혹시 상대방에겐 긴 상처가 될지 모르니까요.

여러분의 언어 온도는 어떻습니까?

사실, 말과 글은 겉으로 드러난 인격입니다. 그 사람의 마음결 온도가 중요하지요. 마음이 따뜻한 사람과 차가운 사람 말이죠. 내 마음이 따뜻하고 평화로울 때 말과 글 온도도 따라 올라갑니다. 영혼이 없거나 과장된 꾸밈이 있는 말과 글은 안 될 것이고요.

'마음의 온도'

책을 읽는 내내 마음이 편안하고 따뜻했습니다.
임에게도 제 마음의 온도가 그대로 전해지면 좋겠습니다.

오늘 아침, 흰 눈이 내렸습니다.
몸과 마음이 움츠러드는 요즘, 언어의 히터를 틀어주세요.
따뜻한 온기가 전해질 것입니다.

○ 원기102년 11월 24일

마지막 달력을 마주하며

12월 첫날입니다. '아니, 벌써'라는 심정으로 마지막 남은 12월의 달력과 마주했습니다. 시작인 1월에서 마지막인 12월에 이르기까지 수없는 시간이 나의 삶을 빼곡히 채워 왔습니다.

이제 남은 31일! 더 소중하고 값지게 잘 마무리해야겠다는 다짐을 해봅니다.
버려야 할 것, 가져갈 것.
참회할 일, 감사할 일.
새로운 시작을 위한 성찰의 시간이 필요합니다.

한 번쯤 들어 보셨을 거예요.

인디언들은 말을 타고 달리다 이따금 말에서 내려 자신이 달려온 쪽을 한참 동안 바라본다고 합니다. 말을 쉬게 하려는 것도, 자신이 쉬려는 것도 아닙니다. 행여 자신의 영혼이 따라오지 못할까 봐 걸음이 느린 영혼을 기다려주는 배려입니다. 그리고 영혼이 곁에 왔다 싶으면 그제야 다시 달리기를 시작한다고 합니다.

지금 나는 어디로 달려가고 있는지, 나의 영혼은 어디를 향하고 있는지 생각해 봅니다. 바쁘게 살다 보면 내 마음인데도 챙기고 살기가 쉽지 않은 것 같아요.
12월을 맞이해서 더 바삐 달릴 것이 아니라 자신을 뒤돌아보고 주위를 살펴보는 시간을 가지면 좋겠습니다.

이번 주 12월 3일(일)에는 명절대재 名節大齋가 있습니다.
명절대재는 나와 우리를 있게 해준 모든 분께 '감사'를 올리는 의식입니다.

알찬 결실과 오늘의 우리가 있기까지 천지자연의 한없는 은혜와 음으로 양으로 보살펴 주시는 조상님들의 은혜와 자리이타로 도와주는 동포님들의 은혜와 세상의 모든 질서를 유지해 주는 법률님의 은혜에 감사 보은을 다짐하는 시간이면 좋겠습니다.

몸과 마음을 정갈히 하고 감사 보은의 마음으로 함께 하면 좋겠습니다. 온 가족이 함께 말이죠.

날씨가 꽤 쌀쌀합니다. 감기 조심하시고요.
마지막 남은 한 달도 행복하시길 기원합니다.

○ 원기102년 12월 1일

넷,
꿈이 이루어지는 길

꿈이 이루어지는 길

오랜만에 강원도 양양의 낙산사를 찾았습니다.
푸른 바다와 푸른 하늘, 그리고 시린 겨울 바람의 깨끗하고 시원한 상쾌함이 가슴을 뻥 뚫어주는 듯했습니다.

낙산사는 자비의 화현불化現佛 관음보살 도량인데요. 동산 하나가 그대로 불도량을 이루고 있습니다. 원통보전을 나와 해수관음상을 향해 가는 길 입구에 이런 푯말이 쓰여 있었습니다.

"꿈이 이루어지는 길"
그 아래로 작은 글씨로는
"이 길을 걸으면 당신의 꿈이 이루어집니다."

다른 절에서는 볼 수 없었던 신선하면서 기쁨을 주는 반가운 글이었습니다.
꿈길의 시작은 원통문圓通門에서 시작하여 16m 높이의 해수관음상까지 이어지는 300m의 오솔길입니다. 걷기 전 소원을 담아 쌓은 작은 돌탑들도 보입니다.

'꿈이 이루어지는 길'

이 길을 걸어 저마다의 꿈들이 다 이루어진다면 얼마나 좋을까요?
어쩌면 이것은 꿈같은 이야기이죠.

이 고즈넉한 산책로는 바쁜 일상으로 지친 사람들의 마음을 위로합니다. 꿈조차 꾸기 힘든 요즘 청년들에게 희망을 심어주는 듯해 보여 이 또한 희망입니다.

우리에겐 소망하는 꿈들이 있습니다. 그 꿈을 이루기 위해 오늘도 길을 걷습니다. 그 길이 당장 닿을 수 없는 길일지라도 그 길이 꿈길이기에 행복합니다.

어쩌면 우리는 길 없는 길에서 길을 찾기도 하고, 길 위에서 길을 묻기도 합니다.
그 길은 마음을 비우는 길이고, 부처님을 향해 걷는 길이고, 나의 마음을 돌아보는 길입니다.

아래로 내려오니 '마음을 씻는 물[洗心泉]'이 있습니다.
꿈이 이루어지는 길을 걷기 위해서는 먼저 마음부터 씻어야 한다는 것을 깨우쳐주는 경구警句로 보입니다.

오늘 당신께서 걷는 그 길이
부디 꿈이 이루어지는 길이길 기원합니다.

○ 원기102년 12월 8일

잔액이 부족합니다

버스를 타고 내릴 때 교통카드를 단말기에 대면 처리 신호음이 나옵니다. 그런데 가끔 이런 기계음이 들리기도 합니다.

"잔액이 부족합니다."

교통카드 겸용 신용카드를 쓸 때는 문제 없지만, 교통카드를 사서 쓰면 이런 일이 종종 생기죠. 아주 난감한 상황인데요. 다른 카드를 찾거나 현금을 찾느라 허둥대기도 합니다.

어느 교무님의 수행일기에 '교통카드와 마음 대조 공부'라는 제목으로 그 상황을 적은 감각감상을 보았습니다. 매우 신선한 글로 느껴졌고 저의 마음공부를 살펴보는 기회가 되었습니다. 그 교무님은 이렇게 표현했더군요.

잔액이 부족합니다. → 공부가 부족합니다.
환승입니다. → 계속 정진해 주세요.
카드를 한 장만 대주세요. → 욕심이 과합니다.
카드를 다시 대주세요. → 올바른 취사가 아닙니다.

교통카드에 잔액이 충분히 남아 있어야 안심이 되죠. 평소에 나의 마음공부 실력도 갖춰있을 때 경계를 당해서 쩔쩔매지 않고 당당할 수 있습니다.
저도 교무로서 실력이 부족하거나 정성이 부족하다는 경고음을 듣지 않도록 충전율을 높여야겠다고 다짐을 해봅니다.

사람 사는 일이나 우리의 마음공부나 여러 상황을 맞이하게 됩니다. 고집하지 않고 시대와 상황에 따라 변용할 수 있는 능력을 갖추는 것도 매우 중요하겠죠. 목적지를 가기 위해서는 환승도 꼭 해야 하는 것처럼 말이죠.
욕심이 과한지, 올바른 취사가 되었는지도 차분히 성찰하는 공부인의 모습이 필요해 보입니다.

부족한 줄 알면 채우려고 노력하게 됩니다. 문제는, 부족한 줄도 모르고 있다가 탈이 나는 경우죠. 마음도 여유가 있어야 하고, 체력도 건강해야 하고, 자력적인 경제생활도 그렇습니다.

진리의 단말기에 자신의 카드를 대었을 때
"잔액이 부족합니다."라는 멘트 대신
"당신은 충분합니다."라는 멘트가 나올 수 있었으면 합니다.

날씨가 추운 요즘입니다.
건강관리 잘하시고요.
한해의 정리도 잘하시길 기원합니다.

○ 원기102년 12월 15일

명대실소 후무가관 名大實小 後無可觀

예전에 TV 맛집으로 소개된 남대문시장의 한 식당에 가본 적이 있습니다. 애써 찾아간 그 집이 소문보다는 실제 맛이 부족해 실망했었습니다.

방송으로 한번 명성을 얻으면 줄을 서서 오랫동안 기다려야 겨우 맛을 보게 되죠. 기다린 보람을 찾는 때도 있지만 소문난 잔치에 먹을 것 없는 허탈감에 빠지기도 합니다.

음식만 그런 것은 아닐 것입니다. 세상에 간혹 유명세를 치른 사람이 실상은, 겉만 번지르르하고 속이 빈 강정인 경우도 있습니다. 인격적 결함이 발견되거나 이름보다 훨씬 떨어진 함량 미달의 모습이 보이기 때문이죠.

그런데 비록 외딴곳에 있을지라도 진짜 맛집으로 소문나면 다들 알아서 찾아가죠. 이런 집은 맛으로 승부하기 때문에 이름 또한 빛나고 오래갈 수 있습니다.

숨은 맛집이 있듯이 숨은 실력자들이 있습니다. 크게 자랑하지 않아도 자연스럽게 은근히 드러나는 사람이 있습니다. 심지어 숨은 도인들은 그 빛을 꼭꼭 숨기도 합니다.

실력보다 이름이 부풀려지기도 하고 안에 있는 실력보다 겉으로 드러난 말과 글이 사실과 다르게 포장되기도 합니다. 때론 남들의 지나친 칭찬에 부끄러워할 줄 모르고 고개가 뻣뻣해지는 염치없음의 함정에 빠지기도 합니다.

원불교 2대 종법사이셨던 정산 송규 종사는
후에 3대 종법사가 되는 대산 김대거에게 글을 주십니다.

"명대실소 후무가관 名大實小 後無可觀
최후승리 실력위상 最後勝利 實力爲上"

해석하면,
이름만 크고 실이 작으면 뒤에 가히 볼 것이 없고
최후 승리는 실력이 제일이라는 말씀입니다.

굳이 이름을 가리거나 지울 필요는 없습니다. 그러나 이름과 실이 같은 명실상부 名實相符 하도록 힘쓰는 것이 공부인의 기본자세라 생각해 봅니다. 참 실력을 갖추면 이름은 애써 구하지 않아도 자연히 드러나게 되죠.

올 한 해를 마무리하면서
명대실소 하지는 않았나, 되돌아보는 오늘입니다.

○ 원기102년 12월 22일

참회의 기도

법신불 사은이시여!
올 한 해 병고에 힘들기도 했으며,
얽히고설킨 인연으로 어려움도 있었으며,
염원하는 일들이 풀리지 않아 초조하기도 했으며,
업장이 두터워 어찌할 줄 모르고 고통스럽기도 했으며,
경계 따라 요란하고 어리석고 그름을 보면서 한없이 작아지기도 하였나이다.

이 모든 것이 제가 짓고 받음을 알기에 진심으로 참회합니다.

나로 인해 버거워했고 속상해했고 불편했던 모든 인연을 생각하며 깊이 참회합니다.
한없는 은혜 속에 살면서도 감사하지 못하고 더 사랑하지 못했음에 깊이 참회합니다.
소중한 법연으로 만나 영생을 함께 할 동지들을 세세한 마음으로 챙기지 못했음을 깊이 참회합니다.
몸과 입과 마음으로 알고도 짓고 모르고도 지었을 모든 죄업을 깊이 참회합니다.
이웃과 세상의 아픔을 함께하지 못하고 나 혼자만의 삶에 급급했던 소아주의 이기주의의 삶을 깊이 참회합니다.

법신불 사은이시여!

이 참회의 공덕으로 육근이 항상 청정하여 원만구족하고 지공무사하게 하옵시며 향하는 곳마다 은혜롭게 하옵소서.

이 참회의 공덕으로 가족들이 건강하고 염원하는 일들이 원만하게 성취되게 하옵시며 행복한 일원 가정을 이루게 하옵소서.

이 참회의 공덕으로 이 나라의 정세가 안정되고 모든 국민이 행복하며 세계가 평화 안락한 세상이 될 수 있도록 하옵소서.

이 참회의 공덕으로 죄업의 근성이 청정하게 하옵시고, 혜복의 문로가 열리게 되오며, 일체 대중의 앞길에 오직 광명과 평탄과 행복뿐으로써 길이 부처님의 성지에 살게 하여 주시옵소서.

오늘 저의 참회가 성심으로 삼보 전에 죄과를 뉘우치며 날로 모든 선업을 행하는 다짐이게 하시고

원래에 죄성이 공한 자리를 깨쳐 안으로 모든 번뇌 망상을 제거해 가는 진실한 수행이게 하시어 사참事懺과 이참理懺을 아울러 닦는 완전한 참회가 될 수 있도록 인도하시옵소서.

일심으로 참회하옵고 사배 복고하옵나이다.

○ 원기102년 12월 29일

신과 함께 – 죄와 벌

영화 '신과 함께'가 관객 수, 천만 명을 넘겼다고 합니다. 저도 얼마 전에 그 대열에 동참했었는데요. 영화를 보고 난 뒤 느낌은, '꼭 한번 볼만한 영화'였습니다. 취향상 판타지 영화를 좋아하지 않는 편인데, 사후세계라는 신비적 세계와 인간의 죄와 벌을 그린 영화여서 많은 생각을 하게 하였습니다.

'신과 함께'는 죽음 이후의 세계를 그린 영화입니다. 저승 법에 따르면, 모든 인간은 사후 49일 동안 7번의 재판을 거쳐야만 합니다. 살인, 나태, 거짓, 불의, 배신, 폭력, 천륜 7개의 지옥에서 7번의 재판을 무사히 통과한 망자만이 환생하여 새로운 삶을 시작할 수 있습니다.

영화를 보면서 진리의 심판이라는 단어를 떠올려 보았습니다. 꼭 저승에 가서만 심판받는 것이 아니죠. 이생에서도 인과의 진리에 따라 선한 업을 지은 사람은 선의 과보를 받고 악한 업을 지은 사람은 악의 과보를 받는다고 합니다. 나의 일거수일투족을 진리의 카메라가 다 녹화하고 있다고도 말합니다. 저승에 가면 업경대業鏡臺가 있어 그것을 다 본다는 것이지요.

영화를 보면서 저의 삶을 성찰하는 시간이 되기도 했습니다. 살인, 나태, 거짓, 불의, 배신, 폭력, 천륜이라는 죄업에 대해 자유로울 수 없었습니다.

알고도 짓고 모르고도 지은 죄가 있음을 분명히 확인했고, 진실한 참회가 꼭 필요함을 다시 한번 자각하게 되었고, "저승에는 공소시효가 없다."라는 말이 큰 무게감으로 다가왔습니다.

많은 사람이 죽음 이후의 세계에 대해 궁금해합니다. 영화에서처럼 죽음 이후에 일곱 번의 심판을 받고 불교에서 말하는 것처럼 육도의 세계가 있는 줄은 확실하지 않습니다. 그러나 확실한 것은 내가 현생을 어떻게 사느냐에 따라 내생이 결정된다는 사실입니다.

『열반경涅槃經』에도 "전생 일을 알고자 할진대 금생에 받은 바가 그것이요, 내생 일을 알고자 할진대 금생에 지은 바가 그것이라" 하셨지요.

'신과 함께'

우리는 굳이 저승에서만이 아니라 현재의 삶에서 신과 함께 하고 있습니다. 신은 죄와 벌을 관장하기도 하지만 선을 지은 자에게는 복을 내리기도 합니다. '인과'라는 소소영령한 진리가 죄와 복을 정확하게 판결합니다.

그런데 우리가 꼭 명심할 것이 있습니다. 그것은, 혹여 죄업을 지었다 하더라도 진실한 참회는 용서받을 수 있다는 것입니다.

영화에서는 이렇게 말하죠.
"이승에서 진심 어린 용서를 받은 자는 저승에서 다시 심판할 자격이 없다."

무술년 새해를 맞아 원만이가 보내는 첫 편지입니다.

올 한 해도
당신의 건강과 행복을 기원합니다.

○ 원기103년 1월 5일

그림자놀이

예전에 손을 이용하여 개나 토끼 같은 동물을 만드는 그림자놀이를 한 기억이 있습니다. 빛이 형상을 비추면 그림자를 만들어 내는 그림자극이 무대에 올려지기도 했지요.

해가 서산에 기울 때쯤 길게 늘어진 나의 그림자를 볼 수 있습니다. 그림자엔 원래의 모습이 있습니다. 모습 그대로 나타나진 않지만, 그 형상을 닮아있죠. 움직임에 따라 그림자 또한 따라다닙니다. 그런데 그림자가 실상은 아니죠. 그림자는 그림자일 뿐, 허상에 불과합니다.

우리는 그림자를 달고 살아갑니다. 나의 몸과 입과 마음으로 짓는 모든 업은 내가 만들어 낸 나의 그림자이기도 합니다. 그 그림자에 울고 웃고, 그 그림자의 장난에 나의 감정이 요동치고 춤을 춥니다.

그림자를 자기로 착각하는 어리석음에 빠지기도 합니다. 그림자, 어둠은 무명無明입니다. 빛이 없으므로 제대로 볼 수 없습니다. 착각하고, 또한 거기에 집착하여 괴로움을 불러일으킵니다.

내가 힘들어하는 원망과 미움, 증오는 아무것도 아닌 허상입니다. 괴로움, 즐거움도 인연의 그림자일 뿐입니다. 그림자임을 알아차리면 본래의 실상이 보입니다.

왜 그림자가 생길까요?

빛을 등지었기 때문입니다. 빛을 더 이상 보지 않기 때문입니다. 나를 내세웠기 때문입니다.

나의 본래 모습은 텅 비어 고요한 가운데 신령스럽게 밝은 빛입니다. 그 빛을 등지면 그림자가 생깁니다. 그 그림자를 나로 착각하며 온갖 상을 만들고 사는 것이 중생입니다. 이에 따라 상대를 짓고, 분별하고, 집착합니다. 허깨비의 장난이요, 꼭두각시놀음입니다. 이 모두 실상이 아닌 허상인데 말이죠.

맑고 깨끗한 우리의 자성自性!
나의 참모습입니다.

텅 비어 고요하여 허공과 같다면 마음에 굴곡이 없이 평평하다면 내 마음속에 그림자가 깃들 여지가 없겠지요. 그림자가 없는 마음은 평화요, 낙원입니다.

빛이 있으므로 그림자가 따릅니다. 하지만 나를 내세우지 않으면 그림자 또한 사라집니다. 내세움으로 생기는 힘듦과 고통, 이젠 더 이상 그림자놀이에 속지 마시길….

날씨가 무척이나 춥습니다. 이 추위도 곧 지나가겠지요.
따뜻한 태양이 비치면 차가움은 물러나는 것이 자연의 이치입니다.

○ 원기103년 1월 12일

날마다 좋은 날, 날마다 생일

당나라 때 운문 선사는
"일일시호일日日是好日", 날마다 좋은 날을 말씀하셨지요.
날마다 기쁘고 즐거우면 얼마나 좋을까요?

그런데, 그게 쉽지 않아요. 좋은 날도 있지만 흐린 날도 있는 것이 우리 인생이지요. 기쁘고 즐거운 날도 있지만 괴롭고 속상한 날도 있습니다. 사람마다 다르고 어제와 오늘이 다른 것이 우리 마음의 기상대입니다.

운문 선사의 법문은 아마도 날마다 좋은 날이 되도록 공부하자는 가르침일 것입니다. 그래도 이 법문이 참 희망인 것은 삶을 기쁘고 즐겁게 살려고 노력하는 사람들이 있다는 것이지요. 우리는 그렇게 날마다 좋은 날을 꿈꾸며 살아갑니다.

매일 맞이하는 하루하루, 햇살에 눈이 부실 만큼 맑은 날도 있고 비가 추적추적 내리는 흐린 날도 있습니다. 차가운 눈이 오는 날도 있고 천둥과 번개가 칠 때도 있습니다.

세상 날씨도 날마다 변덕을 부리듯 우리네 마음 날씨 또한 경계 따라 시시각각으로 변합니다. 그런데 말이죠. 결국 마음먹기에 따라 좋기도 하고 나쁘기도 하다는 것을 알게 됩니다.

어느 날이 좋은 날일까요?

내 마음에 욕심을 떼고 모든 것을 사랑하는 자비의 마음으로 바라보면 더우면 더운 대로, 추우면 추운 대로, 건강하면 건강한 대로, 아프면 아픈 대로 날마다 좋은 날 아닐까요?

정산 송규 종사께서는 "일일시생일日日是生日", 즉 날마다 생일을 말씀하셨지요. 수도인에게는 경계를 따라 한 생각 밝은 마음과 한 생각 좋은 마음이 일어나는 날이 곧 마음의 생일이라고 법문하셨습니다.

마음이 크고 밝게 열리어
날마다 좋은 날 되시고
날마다 새롭게 태어나는 기쁨을 맛보시길 기원합니다.

오늘이 당신의 생일입니다.
오늘은 좋은 날입니다.

○ 원기103년 1월 19일

무한 리필

예전에, KBS 생생 정보통에 나온 가격 파괴 맛집에 가본 적이 있습니다. 메뉴는 왕새우구이 무한리필 집이었는데요. 두 사람이 갈 때 한 번에 15마리 정도가 나오는데 "여기 리필해 주세요"를 외치면 즉각 가져다줍니다.

처음엔 허리띠 풀어놓고 무한정 먹을 것 같았지만 7판 만에 두 손을 들어야 했습니다. 배가 불러 더 이상 먹을 수도 없었고, 그 정도 먹으면 맛으로 먹는 것이 아니라 채우기 위해 먹는 것 같은 느낌이 들었기 때문입니다.

리필[refill]은 're[다시]+fill[채운다]'로 다시 채운다는 뜻이죠. 무한 리필이니, 떨어지면 무한대로 채워준다는 의미일 겁니다. 그런데, 사실 음식은 유한 리필일 수밖에 없습니다. 시간이 정해져 있기 때문이기도 하고 배부름으로 인해 더 이상 리필이 필요하지 않기 때문입니다.

'무한 리필'
음식을 제공하는 무한 리필이 아니라 기쁨, 사랑, 은혜, 감사 등 우리에게 행복을 가져다주는 메뉴를 무한 리필해 주는 곳은 없을까요? 무한은 아니더라도 내가 꼭 필요할 때, "여기, 리필이요."라고 외치면 필요한 만큼 꼭 채워줄 수 있는 곳은 없을까요? 그런데 내가 다시 채우려고 하는 것들이 무엇인가 진지하게 생각해 볼 일입니다. 행복이라는 이름으로 욕망을 채우고, 행복이라는 이름으로 허영과 외식을 꾸미려 하지는 않는지….
행복하기 위해 더 쌓으려 하고, 더 채우려 합니다. 그런데 오히려 비우면 다시 채워지는 이치가 있다는 걸 모릅니다. 비우면 비울수록 값진 행복이 채워지는데 말이죠.

교당에서 은혜와 감사를 리필하면 어떨까요?
깊은 선정을 통해 마음의 평화를 리필하면 어떨까요?
선행과 봉사를 통해 삶의 기쁨과 보람을 리필하면 어떨까요?

나 스스로 리필할 수 있다면 좋겠지만, 주위에 바로바로 리필해 주는 인연이 있다면 이 또한 행복한 사람이겠죠. 나 또한 누군가에게 기쁨, 사랑, 감사, 은혜를 리필 해줄 수 있다면 얼마나 행복할까요?

천지님, 부모님, 동포님, 법률님.
법신불 사은께서는 은혜를 무한 리필해 주십니다. 시간과 장소를 제한하지도 않고 돈을 받지도 않고 그냥 공짜로 주십니다.

나에게 은혜가 부족하다고 느껴질 때마다 크게 리필을 외쳐 보세요.

"법신불 사은님! 여기 은혜 리필이요."

○ 원기103년 1월 26일

미세먼지

요즘 같은 날씨를 일러 '삼한사미三寒四微'라고 한답니다. 3일은 춥고 4일은 미세먼지라는 우스개 표현인데요. 그만큼 미세먼지가 극성을 부린다는 뜻이지요.

얼마 전, 미세먼지 대책 가운데 하나로 서울 시내 출퇴근 시간대에 버스나 지하철 등 대중교통을 무료로 하였던 적이 있습니다. 미세먼지가 심할 경우 호흡기나 심혈관계 질환을 유발할 수 있다고 합니다. 탁한 공기와 흐린 시야로 외출을 자제해야 하고 기분도 다운되어 우리들의 정신건강에도 문제를 일으키기도 하죠. 거리에 마스크를 쓴 사람도 엄청 늘었고요.

우리들의 마음 하늘에도 미세먼지가 낄 때가 있습니다. 그것을 미세유주微細流注라고 하는데요. 아주 작은 번뇌를 말합니다. 작다고 해서 가볍게 볼 일은 아닙니다. 한 방울씩 떨어지는 낙수가 돌을 뚫듯이 작은 번뇌가 커져 큰 번뇌 덩어리가 되고, 우리의 마음 나라를 흩어놓기도 하고, 파괴하기도 하니까요.

나는 칭칭하고자 하나 수 없는 번뇌 망상이 일어나죠. 그 생각들은 경계 따라 일어나는 마음 작용이고 더 깊게 들어가면 업인業因에 따라 생겨나는 결과입니다. 번뇌가 거칠고 너무 무거우면 도저히 감당이 안 되는 때도 있습니다. 번뇌는 타오르는 불꽃과 같아서 내 정신 기운을 태우고 나의 마음 하늘을 잿빛으로 물들여버리기도 합니다.

조지훈 시인이 〈승무〉에서
"세파에 시달려도 번뇌는 별빛"이라 했던가요.
보조 지눌 스님은
"생각이 일어나는 것을 두려워하지 말고 오직 깨침이 더딤을 두려워하라."라고 하셨죠.
번뇌는 내 마음이 살아있다는 증표이고, 번뇌가 멈추면 별빛이 되고 보리[깨달음]가 되기도 합니다.

소태산 대종사께서는 그러한 번뇌[망념]가 일어났거든 다만, 망념인 줄만 알아두면 스스로 없어진다고 했습니다. 망념이 일어나는 것은 당연합니다. 중요한 것은 그 망념에 끌려 따라 놀 것이냐, 아니면 알아차리고 흘려보내느냐입니다.

미세먼지의 근본적인 대책은 미세먼지가 발생하지 않도록 하는 것이겠죠. 청정한 공기를 많이 만들어내고 한편으로는 유해 가스가 생산되지 않도록 하면 됩니다.

우리의 청정 마음 나라 관리법도 마찬가지겠죠. 밖으로는 선업을 많이 지어 번뇌 망상을 일으키는 원인을 최대한 줄여야 합니다. 안으로는 본래 청정한 자성自性에서 발현되는 맑고 깨끗한 기운을 마구 뿜어내는 것이지요. 샘물이 흐린 물을 깨끗하게 정화시키듯 선禪과 염불은 맑고 깨끗한 마음 하늘을 가꾸어 줍니다.

당신의 마음 하늘이
항상 청명하기를 기원합니다.

○ 원기103년 2월 2일

거울은 먼저 웃지 않는다

최근에 어느 강의를 통해 아주 멋진 말을 들었습니다.
"거울은 먼저 웃지 않는다."

그 말의 처음을 찾아보니 일본 작가 가네히라 케이노스케의 책 제목이더군요. 누가 그 말을 했느냐보다 그 말을 통해 느낀 울림이 저에겐 크게 다가왔습니다.

거울은 있는 그대로를 나타내죠. 내가 웃으면 거울도 따라 웃고 내가 찡그리면 거울도 따라 찡그립니다. 있는 그대로 나타나기 때문에 속일 수도 없습니다.

"거울은 먼저 웃지 않는다."

내가 먼저 웃어야 거울도 그 웃는 모습을 비춘다는 거지요. 당연한 이치인데, 우리는 어리석게도 거울이 먼저 웃기를 바라고만 있지 않은지 반성해 봅니다.

나의 말 한마디, 나의 몸짓과 표정, 나의 행동에 따라 상대방은 그대로 반응하게 마련입니다. 내가 바뀌면 상대방이 바뀔 수 있고 여건과 상황도 나의 주체적인 노력으로 달라질 수 있습니다.

내가 먼저 모범을 보일 때 다른 사람도 따라옵니다.

내 모습을 비춰주는 거울만 있는 것이 아니죠. 테가 없고, 형상이 없는 거울이 있습니다. 우리의 마음 거울인데요. 내 마음의 상태에 따라 그 거울엔 말과 표정과 행동이 그대로 나타납니다.

저는 단장할 일이 없어 거울을 자주 보진 않습니다. 그러나 마음 거울은 자주 보려고 노력합니다. 아침 좌선을 통해 맑고 깨끗한 거울을 보고 저녁 일기를 통해 마음 거울에 때가 끼었는지를 살펴봅니다.

세상 사람들이 자기 얼굴을 비추는 거울은 자주 보지만 자신의 마음을 비추는 마음 거울은 잘 챙겨보지 않는 것 같아요. 그래서 어쩌면 자신의 본래 모습을 잃어버리고 사는지도 모르죠.

맑고 깨끗한 마음 거울!
경계를 대할 때마다 그 마음 거울을 환하게 비춰보면 어떨까요?
"거울은 먼저 웃지 않는다."

내가 먼저 미소를 지어보세요.
반드시 예쁜 미소로 화답할 것입니다.

○ 원기103년 2월 9일

설 명절 인사

오늘은 우리 민족 고유의 명절 설날입니다. 가족과 함께 행복한 시간을 보내고 있을 텐데요. 신정이 새해 시작의 의미라면 설날은 명절 분위기가 더 진하게 나는 것 같습니다. 고향을 찾고, 가족 형제들과 만나고 다 함께 감사와 보은의 마음으로 설날을 맞이합니다.

저는 교당에서 조상합동향례를 모셨습니다. 열세 가족이 함께했는데요. 조상님들의 은덕에 감사하고 새해의 안녕과 복을 기원하였습니다.

보통 설날 아침엔 차례를 모시고 웃어른께 세배를 올리며 건강을 기원하고 소원 성취를 기원합니다. "새해 복 많이 받으세요."가 보통의 인사인데, 원불교에서는 "새해 복 많이 지으세요."라고 인사를 전하기도 합니다. 지어야 받기 때문입니다.

요즘 평창 동계올림픽이 한창입니다.
오늘은 스켈레톤[썰매]에서 윤성빈 선수가 금메달을 땄습니다. 올림픽을 위해 땀 흘렸을 선수들을 생각하면 메달을 떠나 그 노력만으로도 큰 박수를 보내고 싶습니다. 올 설날은 올림픽이 있어 더 재미있고 신나는 것 같습니다.

나머지 설 연휴, 오고 가는 길 평안하시고요.
따뜻한 정을 담아 서로에게 기쁨이 되면 좋겠습니다.
신년에 했던 새해의 기원과 다짐도 다시금 챙겨보시고요.

교당에서는 새해의 다짐과 소원성취를 위해 이번 주 일요일부터
1주일간(18~24) 설 가정 축원 기도를 올립니다.
올해 암송 경문인 '무시선법'에 대한 강의도 진행할 계획입니다.

가족과 함께 즐거운 설 명절 되시고요.
올 한 해도 건강하고 행복하시고
복 많이 짓고 받으시길 진심으로 축원합니다.

○ 원기103년 2월 16일

평창 동계올림픽

멋지게 시작한 평창 동계올림픽이 이제 종반으로 향해 가고 있습니다. 선수들의 땀과 열정, 환희와 눈물, 관중들의 응원과 함성, 그리고 하나 된 힘. 우리는 스포츠를 통해 감동하고 진실한 승부에 큰 박수를 보냅니다. 스포츠는 참으로 위대하다고 생각하게 됩니다.

저는 대한민국 선수들이 출전하는 경기는 관심을 가지고 시청했습니다. 평생에 한 번 올까 말까 하는 올림픽이기에 경기장에서 직접 관람하는 것도 추억에 남을 일이겠지만 편안하게 TV로 경기를 관람하는 것도 큰 기쁨입니다.

인기 종목, 메달권의 선수들에게 스포트라이트가 비추기 마련입니다. 대한민국은 쇼트트랙에 강세를 이어왔고, 이번 올림픽에서도 그 진가를 발휘하고 있습니다.

어제 경기에서는 아쉽게도 남자 계주 결승에서는 넘어지고 여자 1,000m 결승에서는 우리 선수끼리 부딪치는 바람에 기대했던 골든데이를 놓쳐 큰 아쉬움으로 남습니다. 그래도 우리 선수들은 "괜찮아, 잘했어"라는 위로와 격려로 아름다운 모습을 보여주어 감사했습니다. 꼭 메달을 목에 걸지 못했더라도 불굴의 도전

정신과 선의의 경쟁을 통한 하나 된 열정이 모두 금메달입니다.

근대 올림픽의 창시자 쿠베르탱은 "올림픽 대회의 의의는 승리하는 데 있는 것이 아니라 참가하는 데 있으며, 인간에게 중요한 것은 성공보다 노력하는 것이다."라고 했습니다.

오늘도 우리는 삶의 올림픽을 치르고 있는지도 모릅니다. 꼭 성공이라는 목표에 매달릴 필요는 없습니다. 과정 과정이 행복의 여정으로 가득 차고 후회 없는 멋진 경기를 펼치면 그것으로 좋습니다.

다음 주는 봄의 행진이 시작되는 3월입니다.
봄꽃을 기다리는 설렘으로 행복한 한 주 되세요.

○ 원기103년 2월 23일

봄이 오는 소리

새봄의 시작인 3월입니다. 새싹들이 움을 틔우고 한껏 기지개를 켭니다. 이 봄을 기다렸다는 듯이 달려 나올 태세입니다. 하늘과 땅, 그리고 만물이 봄의 교향악에 발맞추어 행진합니다.
우리 마음도 새로움과 신선함으로 기대와 희망으로 새 단장을 합니다. 몸도 새봄과 함께 가뿐해짐을 느낍니다. 봄은 이미 내 마음속에 자리하고 있습니다.

이 봄이 되면 항상 떠오르는 소태산 대종사님의 법문이 있습니다. "봄바람은 사私가 없이 평등하게 불어주지마는 산 나무라야 그 기운을 받아 자라고, 성현들은 사가 없이 평등하게 법을 설하여 주지마는 신信 있는 사람이라야 그 법을 오롯이 받아 갈 수 있다."

나의 믿음은 어느 정도인가?

이 봄이 시작되면서 다시금 내 믿음의 뿌리[信根]를 돌아봅니다. 뿌리가 튼튼할 때 바람에 아니 뽑히고 가지와 잎과 꽃을 알차게 피워낼 수 있습니다.

오늘은 봄바람에 휘영청 밝은 달이 뜨는 정월 대보름입니다. 저는 교도님께서 차진 찰밥과 각가지 나물을 가져다주셔서 대보름

잔치를 했습니다. 감사한 마음으로 건강하고 액운 없이 사는 한 해가 되길 염원했습니다.

캠퍼스의 봄, 왠지 낭만의 꽃이 피고 재잘거림의 콧노래가 흘러나올 것 같지요. 하지만 요즘 대학생들은 미래에 대한 걱정이 더 크겠다는 생각에 가슴이 미어지는 것은 저만의 느낌일까요?

이문교당이 새봄과 함께 수요 교리 공부방을 개강합니다. 글로 배우고 몸으로 실행하고 마음으로 깨달아 얻는 시간입니다. 공부하는 기쁨을 함께하면 좋겠습니다.

이제 매화가 꽃망울을 터트릴 것이고 수줍은 수선화가 땅을 박차고 올라올 겁니다. 봄이 다가와 나지막이 속삭입니다.

깨어나라고
다시 시작하라고
싹을 틔우고 꽃을 피우라고

봄이 오는 소리에
나의 마음도 깨어나고 피어납니다.
봄 가득한 생명의 에너지로 당신을 응원합니다.
오늘도 행복하세요.

○ 원기103년 3월 2일

반가사유상 半跏思惟像

용산에 있는 국립박물관을 갔습니다. 많은 전시실 중 꼭 보고 싶은 곳이 있었는데요. 바로 불교 조각 예술의 정수라 할 수 있는 국보 83호인 '반가사유상'입니다. 몇 년 전, 실물을 처음 본 감동은 무어라 형언할 수 없을 정도였습니다.

반가사유상 앞에는 작은 의자가 마련되어 있었는데요. 스쳐 지나치듯 보지 말고 세밀하게 관찰하라는 박물관 측의 의도로 읽혔습니다. 반가사유상은 관람하는 것이 아니라 그 자체가 사유의 대상이라 생각되더군요.

전시실 입구에는 반가사유상에 대한 안내문이 이렇게 적혀 있었습니다.

"반가사유상은 한 다리를 다른 쪽 무릎 위에 얹고, 손가락을 뺨에 댄 채 생각에 잠긴 모습의 상이다.
이러한 자세는 인간의 생로병사를 고민하며 명상에 잠긴 싯다르타 태자의 모습에서 비롯되었다.
이 상은 입가에 잔잔한 미소를 머금고, 머리에는 삼산관三山冠 또는 연화관蓮花冠이라는 낮은 관을 쓰고 있다.
상반신에는 옷을 전혀 걸치지 않고 목걸이만 착용하고 있으며,

하반신에는 율동적인 치맛자락이 다리를 감싸며 대좌를 덮고 있다.
신라계 승려가 창건한 것으로 알려진 일본 고류사[廣隆寺]의 붉은 소나무[赤松]로 만든 반가사유상과 유사하다."

저 같은 보통 사람의 눈에도 단순하면서 고결한 아름다움이 한껏 전해져 왔습니다. 반가사유상의 아름다움을 '정교함과 잔잔한 미소가 풍기는 숭고미'로 표현하고 있습니다.

한 다리를 다리에 얹은 모습은 여유로움 속에 사유하는 진지함이 느껴집니다. 평화로운 얼굴에 담긴 엷은 미소와 흐트러지지 않은 단아함은 사유의 편안함과 깊이가 전달됐습니다. 그 사유는 거칠고 묵중한 고뇌가 아니라 깊고 고요한 생각 끝에 번지는 깨달음의 미소와도 같아 보였습니다.

우리도 선을 할 때 느낄 수 있습니다. 깊은 명상[선정]의 세계는 찡그림이 아니라 엷게 피어나는 미소라는 것을 말이죠. 어느 스승님은 그 모습을 '미소관[微笑觀]'이라 표현하셨지요. 얼굴에 엷은 미소를 띤 상태에서 선을 하는 방법입니다.

마음공부 하는 사람은 사유할 줄 알아야 합니다. 내 삶을 밝히는 작은 깨달음들은 밝은 고요에서 펴시는 사유에서 비롯됩니다.

'생로병사'라는 심오한 이치가 아니어도 됩니다. 풀리지 않은 삶

의 문제와 마주할 때 나 혼자만의 공간에 머물면서 반가사유를
해보면 어떨까요?

한 발을 반대편 무릎 위에 얹고
약간 허리를 구부린 채
손가락은 얼굴에 가볍게 대고 얼굴엔 약간의 미소를 띠어보세요.
그러면서 내 삶의 문제들을 하나씩 하나씩
맑고 고요한 정신으로 비춰보는 겁니다.

내가 바로 반가사유상입니다.
내 입가에 엷은 미소가 번집니다.
삶의 문제들이 스르르 풀립니다.

○ 원기103년 3월 9일

이웃 효과 [neighbor effect]

이웃이 새 차를 사면 바로 따라서 삽니다. 옆집에서 소형차를 중형차로 바꾸면 또 따라서 바꿉니다. 이웃과 비교하면서 살아가는 이러한 현상을 경제학에선 '이웃 효과[neighbor effect]'라고 합니다. 즉 주변 친구 또는 이웃의 재산이나 소득과 자신을 비교해서 자신을 평가하는 경향을 말합니다. 이때 이웃보다 부족하면 불행하고 이웃보다 많으면 행복하다고 생각하는 것이지요. 결국 우리네 인생은 비교의 문제 속에서 살게 됩니다.

아무리 가까운 사이라도 중생의 마음엔 시기하고 질투하는 마음이 자리합니다. 비교하기 때문에 상대적 박탈감도 따라오게 되죠. 특히 나와 경쟁 관계에 있는 사람이 잘 되는 것을 보면 시기와 질투심이 일어나고, 심지어 미워하면서 잘못되기를 바라는 아주 고약한 마음씨가 나오기도 합니다.

스위스 사람들은 행복감이 높다고 하는데요. 그들은 다른 사람들로부터 부러움을 사지 않기 위해 최대한 조심하고 노력한다고 합니다. 굳이 자기의 잘됨을 자랑하거나 드러내지 않는다는 거죠. 겸양일 수도 있지만, 다른 사람에 대한 최소한의 배려이기도 합니다.

대부분 사람의 심리가 작은 것이라도 자랑하고 뽐내고 싶어 하죠. 그것을 통해 만족감을 느끼고 스스로 행복해하기도 합니다. '나, 이런 사람이야'라는 과시욕도 한몫하죠. '네가 그만큼 하는데, 나라고 못 해.'라고 경쟁심이 일어나기도 합니다. 주의할 것은, 그 누군가에겐 나의 자랑질이 상처가 되기도 하고, 큰 박탈감을 안기기도 한다는 겁니다.

위를 보지 말고 아래를 보며 살라고 말합니다. 굳이 나보다 잘 나가는 사람을 올려다보며 나 자신을 깎아내리기보다 나보다 낮은 사람, 어려운 사람을 보고 하루하루 감사하는 것이 작지만 확실한 행복이 아닐까 합니다.
그런데 이보다 중요한 것이 있습니다. 남과 비교하기보다는 순수하고 온전한 나를 사랑하는 것입니다. 남이 잘하는 것을 보면 축하해주고 함께 기뻐하는 넓은 마음을 가져보면 어떨까요? 그러면서 나도 또한 분발심을 일으키어 더 큰 행복을 만들기에 노력하는 것이지요.

남보다 많이 가짐을 과시하거나 적게 가짐을 아쉽게 생각할 필요는 없습니다. 비교하는 마음으로는 행복에 다다를 수 없습니다. 주어진 것에 감사하는 마음이 행복한 마음입니다.

봄비가 내린 뒤에 봄꽃이 피어오를 것입니다.
봄꽃은 다투지 않고 제각기 아름다움을 뽐냅니다.
행복한 주말 되시길 기원합니다.

○ 원기103년 3월 16일

지하철에서 본 두 신자

지하철에서 본 풍경입니다. 제 앞에 앉아 계신 두 분의 모습이 특별했습니다. 두 분 다 70세 정도 되어 보이는 여자분이셨는데 한눈에 봐도 어느 종교를 믿는 신자처럼 보였습니다.

한 분은 눈을 지그시 감은 채 염주를 양손으로 쥐고 계셨고, 바로 옆에 앉아 계신 분은 묵주를 돌리며 간혹 작은 책자를 보면서 뭔가를 계속 외우고 있었습니다. 제 짐작이 맞는다면 아마도 한 분은 불교 신자고, 다른 한 분은 천주교 신자로, 불교 신자는 염주선정을, 천주교 신자는 묵주기도를 하는 겁니다.

한참의 시간이 지났는데도 전혀 미동도 없이 두 분의 지하철 수행은 계속되었습니다. 유심히 그 모습을 바라보는 제 입가에도 미소가 번졌습니다. 마음이 편안해지면서 경건함마저 느끼게 되더군요.

이 순간만큼은 지하철이 법당이고 성당이었습니다. 수행의 향기가 피어나고 평화의 꽃이 피어났습니다. 평범하면서 진실한 수행자의 모습에 절로 고개가 숙였지요.

때와 장소를 가리지 않고 언제 어디서나 수행하는 것을 원불교에서는 '무시선無時禪'이라고 합니다. 꼭 선방에 앉아서만 선을 하는 것이 아니라 어디나 선방이지요.
선정, 염불, 독경, 기도. 그 형식은 약간 달라도 일심一心을 모으고 일심에 합일하여 최고의 심락心樂을 누리는 방법들이지요. 이렇게 하다 보면 경계도 없고, 나도 없는 무아無我의 경지에 들고 마침내는 선의 구경인 마음의 자유에도 도달하게 될 것입니다.

번잡한 지하철이나 버스를 이용할 때 눈을 지그시 감고 선정에 들든지, 독경한다든지, 기도문을 외우는 데, 일심을 모아보면 어떨까요?

그곳이 바로 법당이고 성당입니다.
자비와 사랑과 은혜가 꽃피어 납니다.

○ 원기103년 3월 23일

네가 그 봄꽃 소식해라

배봉산 산책길을 나섰습니다. 미세먼지를 조금이라고 피하고자 마스크를 썼습니다. 얼마 안 걸었는데 호흡이 답답하고 두꺼운 겨울옷이 자꾸 거추장스럽고 무겁게만 느껴집니다. 아직도 저만 겨울의 끝자락을 붙들고 있었나 봅니다.

배봉산에 들어서니 봄꽃이 먼저 인사를 건넵니다.
산수유, 개나리, 진달래….
이젠 목련이 소담한 꽃망울을 금세라도 터트릴 듯 한껏 준비 자세를 취하고 있습니다. 이렇게 봄기운은 봄꽃들을 마구마구 피워내고 있더군요.

눈 앞에 펼쳐지는 새봄의 꽃들을 보면서 문득 떠오르는 글귀가 있었습니다.

'네가 그 봄꽃 소식해라.'

판화가 이철수 님이 원불교 100주년을 기념하여 만든 판화집 책 세목입니다. 책 269쪽에 이철수 님은 이렇게 말하고 있습니다.

"봄바람은 만년을 이어 불고,

봄마다 꽃이 피는데 사람의 봄소식 이렇게 귀하다
네가 그 봄꽃 소식해라!"

해마다 봄바람은 불어오고 완연한 봄기운에 꽃들은 피어납니다.
봄꽃 소식! 봄에 피는 꽃만을 말하진 않겠지요.

사람의 봄소식이 뭘까요?
만남, 반가움, 기쁨, 사랑, 평화….
봄꽃처럼 우리를 설레고 행복하게 하는 단어들입니다.
봄꽃이 피어나듯 사람의 봄꽃이 마구마구 피어나면 좋겠어요.

긴 겨울을 내려놓고 나는 그 누군가의 봄꽃 소식이 되고, 그 누군가는 나에게 봄꽃 소식을 전하기도 합니다. 이렇게 봄꽃 소식이 만발하면 봄꽃 향기가 온 세상을 뒤덮고도 남겠지요.
기다릴 게 아니라 내 마음의 문을 활짝 열고
내가 봄이 되고 꽃이 되면 됩니다.
그대에게 화르르 달려가 봄꽃 소식 되어 피어납니다.
아마도 환한 웃음으로 반겨주겠지요.

'네가 그 봄꽃 소식해라.'

오늘 보니, 하얀 목련이 활짝 피어났네요.
산하대지에 찬란한 봄의 개벽이 펼쳐집니다.

○ 원기103년 3월 30일

회복탄력성[resilience]

저는 SBS TV '영재발굴단' 프로그램을 가끔 시청합니다. 지난 수요일 방영 내용 중 천재 물리학자인 스티븐 호킹 박사에 관한 내용이 소개되었는데요. 다 아시다시피 호킹 박사는 젊었을 때 루게릭병이 발병하여 평생 휠체어에 몸을 맡긴 채 살아야 했습니다.

그런데 놀랍게도 호킹 박사는 루게릭병이 발병한 후 오히려 더 열심히 인생을 살아가게 됐다고 합니다. 언제 죽을지 몰랐기 때문에 더 열심히 물리학에 관해 연구하며 우주의 신비함을 널리 알렸고 루게릭병에 걸린 상황에서도 유머와 웃음을 잃지 않았다고 합니다.

호킹 박사가 시련을 극복하고 많은 업적을 낼 수 있었던 비결은 바로 '회복탄력성'이었다고 말합니다. '회복탄력성[resilience]'은 크고 작은 다양한 역경과 시련과 실패를 오히려 도약의 발판으로 삼아 더 높이 튀어 오르는 마음의 근력을 의미합니다.

역경과 시련과 실패가 왔을 때 반응하는 양태는 크게 두 가지입니다. 포기하고 너 큰 나락으로 떨어시는 경우와 실패나 억경을 딛고 일어나 원래 위치보다 더 높은 곳으로 올라가는 경우입니다. 어떤 불행한 사건이나 역경에 대해 어떻게 대처하느냐에 따라 불행해지기도 하고 행복해지기도 합니다.

누구나 빠른 회복을 소망합니다. 몸이 아플 때도, 마음이 힘들 때도 그렇습니다. 그런데 평소 단련해 놓지 않으면 빠른 회복이 힘들게 되지요. 몸에 근력이 필요하듯이 마음의 근력이 회복탄력성을 좌우하게 됩니다.

야구에서 투수들은 보통 5일에 한 번 등판하게 되는데요. 한 경기에 약 100개의 투구를 한 뒤, 평소의 루틴에 따라 반드시 회복 훈련을 한다고 합니다. 다시 정상 상태의 몸으로 돌아오는 과정이지요.

우리 마음의 회복을 위해서도 마찬가지인 것 같아요. 피하거나 도망치려 하지 말고 평소에 본인이 했던 것을 규칙적으로 하다 보면 운동선수가 마치 회복 운동을 하는 효과가 있다는 거지요.

전문가들은 회복탄력성 향상을 위한 두 가지 습관으로 감사하기와 규칙적인 운동을 추천합니다. 감사하기는 마음의 습관이고, 운동은 몸의 습관입니다.

감사하기는 긍정성 향상에 있어서 가장 강력하고도 지속적인 효과를 나타낸다고 합니다. 꾸준히 쓰는 감사일기가 시련과 역경을 당했을 때 회복탄력성을 끌어올리는 큰 힘이 된다는 것을 증명하는 것이지요.

행복은 바로 감사하는 마음이고 행복의 가장 큰 비밀은 감사하기란 것을 더욱 느끼게 됩니다. 저 또한 최근에 소중한 체험을 했기에 강력하게 추천하는 바입니다.

봄이 온다.
봄이 왔다.
이젠, 완연한 봄입니다.

○ 원기103년 4월 6일

소유 말고 공유

이문교당이 있는 외대역 앞에는 공영주차장이 있습니다.
그 앞을 지나가다가 우연히 본 글귀,
"소유 말고 공유"
공영주차장이기에 적합한 문구였습니다.

예전에 비해 '공유共有'라는 개념이 확대되고 있는 듯합니다. 카셰어, 셰어 하우스 등. 한 사람이 소유하지 않고 함께 나눠 쓰는 운동인데요. 자원절약 및 함께 나누며 사는 아름다운 세상을 위한 노력입니다.

원불교는 1924년 익산 신용리에 총부를 건설하고 전무출신들은 공동생활을 했습니다. 공유와 관련하여 재미있는 일화가 전해져 오는데요. 당시 이리 시내에 업무를 보러 가게 될 경우, 외출복을 공유했다고 합니다. 대·중·소 크기로 외출복을 마련해 놓고 필요에 따라 그 옷을 함께 나눠 입었던 거지요.
요즘의 경우 교복을 물려주기도 하고, 한복이나 정장 등 옷도 빌려 입는 경우를 보면 꼭 내 것이어야 한다는 소유의 생각에서 벗어나야 함을 생각해 봅니다.

공유는 나눔이죠. 나만의 것이 아니라 우리 모두의 것입니다. 공공의 물건은 당연하고, 사유의 물건이라 하더라도 함께 나누면 공유의 공덕이 나타나게 됩니다. 물건도, 지식도, 인간의 따뜻한 정도 나누면 풍성해집니다.

공유를 생각하면서 시애틀 인디언 추장의 연설문이 떠올랐습니다. 시애틀은 미국 북서부 최대의 도시로 미국 워싱턴 주가 되기 전 살았던 인디언 추장 시애틀의 이름을 따 도시가 되었습니다.

지금으로부터 160여 년 전, 미국의 제14대 대통령 프랭클린 피어스는 유럽에서 미국으로 건너오는 사람들이 늘어나자, 이 지역에 거주하던 인디언 추장 시애틀에게 땅을 팔라고 요구합니다. 〈시애틀 추장의 편지〉는 추장 시애틀이 미국 정부의 요구에 답한 내용입니다.

"우리가 어떻게 공기를 사고팔 수 있단 말인가?
대지의 따뜻함을 어떻게 사고, 판단 말인가?
부드러운 공기와 재잘거리는 시냇물을 우리가 어떻게 소유할 수 있으며 또한 소유하지도 않은 것을 어떻게 사고팔 수 있나?
우리는 땅의 일부분이며, 땅은 우리의 일부분이다."

소유함에서 탐욕이 커가고, 탐욕은 모든 괴로움의 원인이 됩니다. 소유할 때 집착하게 되고, 그것이 사라질 때 괴로움이 생깁니다. 공유는 공존共存이며, 공생共生이며 공영共榮입니다.

다음은 소태산 대종사님의 법문입니다.

"그대들은 형상 있는 물건만 소유하려고 허덕이지 말고
형상 없는 허공 법계를 소유하는 데에 더욱 공을 들이라."

○ 원기103년 4월 13일

쓰레기 불법 투척

언제부턴가 교당 앞 도로변에 쓰레기가 쌓이기 시작했어요. 날이 갈수록 그 양은 늘어났고 종류도 다양해졌습니다. 종량제봉투가 아닌 검정 비닐봉지를 사용했고 자기 집 앞이 아닌 남의 집 앞에 무단으로 불법 투척한 겁니다. 한마디로 비양심인 거지요.

시간이 지날수록 쌓여만 가는 쓰레기를 제가 치우기에는 엄두가 나지 않았습니다. 그래서 구청 청소행정과에 전화했습니다. 쌓인 쓰레기를 실어 가고 그 자리엔 경고 벽보판을 설치해 달라고 민원을 넣었습니다. 다행히 이른 시간에 민원을 처리해 주었습니다.

사람의 심리라는 것이 그런 것 같아요. 더러워진 곳에는 함부로 버려도 된다는 생각, 남들이 보지 않는 곳에서는 괜찮겠지 하는 생각, 쌓인 쓰레기 더미에 내 쓰레기를 얹는 비양심.

이런 작은 쓰레기 대란을 겪고 난 뒤 저는 내 마음에서 배출되는 쓰레기 처리에 대해서 한번 생각해 보았습니다.

우리가 마음을 쓰다 보면 처리하지 못한 마음의 쓰레기[찌꺼기]가 나오는 것 같아요. 탐욕과 성냄으로 생겨난 죄악들, 어리석은 생각과 행동이 만들어 낸 고통, 버리고 싶은 상처와 아픔의 잔영들.

이런 마음의 쓰레기들을 남의 마음 한가운데 사정없이 버린다든지, 내 마음 한구석에 몰래 처박아 둔다든지, 심지어는 공적인 자리에 함부로 버리는 일도 있습니다.

결국 마음 쓰레기는 쌓여만 가고 이에 따라 심한 악취가 나고 나뿐만 아니라 많은 사람이 고통을 받을 수밖에 없지요. 이렇게 버리는 것을 양심상 가책이나 미안함도 없이 당연시하고 앞으로도 반복하겠지요.

가능하면 마음 쓰레기도 줄여야 하고, 어쩔 수 없이 나오는 쓰레기라면 잘 처리할 줄 알아야 하고, 또 자주 깨끗하게 버릴 수 있어야 할 것 같아요. 가장 중요한 것은 평소에 마음을 깨끗하게 청소 관리하는 것이겠지요.

함부로 쓰다 버리는 쓰레기가 없고
작은 찌꺼기도 남지 않은
마음 쓰레기 제로에 한 번 도전해 보는 것은 어떨까요?
청정한 마음 나라를 위해서 말이죠.

○ 원기103년 4월 20일

평화의 염원

2018년 4월 27일 오전 9시 30분!

조금 전 남북 정상이 만나는 장면을 TV 생중계로 시청했습니다. 가슴 떨리는 마음으로 간절한 평화의 염원을 담아 기원했습니다. 이 땅 한반도에 평화의 꽃이 피어나기를 염원합니다.

'평화, 새로운 시작'

네. 이제 시작입니다. 그 시작이 아름다운 결실을 향해 나아갈 것입니다. 제발 그렇게 되기를 온 국민이, 전 세계인이 지켜보고 기원할 것입니다. 평화의 길을 향해서.

평화는 그냥 주어지는 것이 아니라 함께 만들어가는 상생의 역사입니다. 내 마음에서부터 평화를 사랑하고 내 일상에서 평화 운동이 펼쳐져야 하죠. 가깝게는 나와 인연 있는 모든 사람과의 평화가 필요합니다. 사랑이 건네고 은혜의 꽃이 피는 그런 평화 말이죠.

4월 27일 남북정상회담
4월 28일 원불교 열린 날

우연치고는 참으로 기막힌 날짜순서입니다.
내일은 원불교가 열린 날, '대각개교절'입니다.

1916년 4월 28일 동트는 아침,
소태산 대종사께서는
20여 년의 구도 끝에
우주와 인생에 대한 큰 깨달음을 얻으십니다.

모두가 하나의 진리인 일원상의 진리를 깨달으시고 '원불교'라는 새 시대의 새 종교의 문을 여셨죠. 이날이 우리 원불교인들의 공동생일이기도 하고요.

세상이 크게 열리고 있습니다. 닫힌 마음에서 열린 마음으로 어둠에서 밝음으로 상극에서 상생으로 크고 밝게 열려가고 있습니다. 바로, 개벽[Great open] 된 세상입니다.

물질 개벽
정신 개벽
이젠, 평화 개벽입니다.

평화를 염원하는 우리의 정성이 하늘에 닿고 땅을 움직여
이 땅이 평화의 동산이 되면 좋겠습니다.

원불교 3대 종법사이셨던

대산 종사께서는 평화를 간절히 염원하셨습니다.

"이 산하대지에 하늘 꽃이 가득하니
평화는 오리, 평화는 오리."

모든 성자가 염원하셨던
평화의 세계가 꼭 이루어지길 기원합니다.

오늘 점심 메뉴는 옥류관 냉면은 아니지만
마트에서 사 온 '평양냉면'입니다.

속 시원하게 뻥 뚫리는 정상회담이 되길
손 모아 기원합니다.

평화 세상을 위해서!

○ 원기103년 4월 27일

가족이라는 인연

가정의 달 5월입니다. 맞이한 5월은 사랑과 은혜, 감사와 보은을 생각하는 달입니다.
어린이날, 어버이날, 스승의날, 부부의날, 부처님오신날.

그 어느 달이 5월만큼 사랑과 감사를 느낄 수 있을까요?

가끔 이런 생각을 해봅니다.
나와 부모님
나와 아내
나와 자식들은 어떤 인연의 깊이로 만나게 되었을까?

옷깃 한번 스치는 것도 5백 생의 인연이라는데요. 부부의 인연은 7천 겁이고, 부모와 자식 간 인연은 8천 겁이고, 형제·자매는 9천 겁의 인연이라고 합니다. 믿거나 말거나이긴 하지만 그만큼 지중한 인연 관계라는 뜻이겠죠. 이렇게 가족은 그 어떤 인연보다도 소중하고 특별합니다.

과거세 인연은 크게 두 가지라고 합니다. 하나는 은인이 되어 은혜를 보답하는 인연이고, 둘은 빚쟁이가 되어 빚을 받으러 온 인연이랍니다. 은인의 인연이라면 더 좋은 인연으로 가꾸어 가고 그 반대라면 그 인연을 받아들이고 원망이 아닌 빚 갚는 심경으로 더 큰 불공을 해야겠습니다. 그래야 다음 생에는 좋은 인연이 될 수 있으니까요.

소태산 대종사님께서는 사은四恩 중 '부모은'을 밝히셨지요.
그 은혜 입은 내용을 아래와 같이 말씀하셨습니다.

"우리가 부모에게서 입은 은혜를 가장 쉽게 알고자 할진대, 먼저 마땅히 부모가 아니어도 이 몸을 세상에 나타내게 되었으며, 설사 나타났더라도 자력自力 없는 몸으로서 저절로 장양될 수 있었을 것인가 하고 생각해 볼 것이니, 그렇다면 누구나 그렇지 못할 것은 다 인증할 것이다."

부모님의 은혜!
너무 큰 은혜여서 당연하다고 느끼는 은혜이죠.
1년 중 5월, 아니 단 1주일 만이라도
그 큰 은혜와 사랑을 생각하고 느껴보면 좋겠습니다.

이번 주 일요일은 '가족 법회'가 있습니다.
부모님의 한없는 은혜를 생각해 보고 자녀 사랑하는 마음을 다시금 챙겨보는 뜻깊은 시간이길 염원합니다.

가족은 사랑이고 행복입니다.

○ 원기103년 5월 4일

다섯,
나는 너를 믿는다

나는 너를 믿는다

지금은 열반하신 지 10여 년이 지났지만 제 마음속에 살아계신 스승님이 계십니다. 제가 간사 시절 모셨던 예산 이철행 종사님이신데요. 저에겐 마음으로 모신 아버님, 심부心父이십니다.

20살, 고등학교를 갓 졸업하고 철모르던 어린 출가자인 저에게 스승님은 아버님이셨습니다. 많은 은혜와 사랑을 받았지만, 저에게 큰 용기와 희망이 되었던 말씀, 두 가지를 기억합니다.

첫 번째는 간사 시절 어느 교무님을 통해 들었던 말씀입니다.
"덕희는 도종道種이다."

저는 출가 이후 교무가 되기 전까지 이 말씀이 얼마나 큰 힘이 되었는지 모릅니다.

두 번째는 교무가 된 지 10년 정도 되었을 때 저에게 직접 해주신 말씀인데요.
"나는 덕희 교무를 항상 믿고 있다."

이 말씀을 받드는 순간, 몸에 전율이 일고 눈가엔 감동의 눈물이 찔끔 나왔던 기억이 있습니다. 믿는다는 그 말씀이 큰 책임감으로 다가왔고, 나를 진정으로 믿어주는 사람이 있다는 것에 대한 든든함과 감사함이 컸었지요.

"그 사람 참 믿을만한 사람이다."

이만한 칭찬이 또 있을까요?
원불교 경전에서는 "믿음은 모든 일을 할 때 마음을 정하는 원동력"이라고 했습니다.
꼭 종교적 믿음이 아니더라도 인간관계에서 '믿음'의 힘은 많은 것들을 결정하게 합니다. 상대방의 마음을 얻을 수 있고 많은 일을 이룰 수도 있습니다. 반대로 믿음이 깨질 때 많은 것들을 잃게 되고요.

저는 가족 간에 믿음이 매우 중요하다고 생각합니다.
믿음의 눈빛
믿음의 말 한마디
믿음의 손길….
특히 자녀에게는 "나는 너를 믿어."라는 믿음의 표현이 큰 용기와 희망이 될 것이라 확신합니다.

노자께서는 "믿음직한 말은 아름답지 않고[信言不美], 아름다운 말은 믿음직하지 않다[美言不信]"라고 했습니다.
진실한 믿음은 그 사람의 말이 아닌 행동에서 나온다는 것을 확실히 깨닫게 됩니다.

"나는 너를 믿는다."

며칠 후면 스승의 날인데요. 누군가를 존경하고 그리워하는 대상이 있다는 것은 참으로 행복한 사람입니다.
삶의 용기가 되고 희망이 되는 그 믿음들이 널리 퍼져나가면 좋겠습니다.

○ 원기103년 5월 11일

허공 꽃이 어지럽게 떨어지다

한 제자가 스승께 묻습니다.
"밝게 깨달은 한마음을 어떻게 보존할까요?"
스승이 말합니다.
"티끌 하나가 눈을 가리면 허공 꽃이 어지러이 떨어진다."
[一翳在眼 空華亂墜 - 일예재안 공화난추]

한 티끌은 번뇌 망상을 말하고, 허공 꽃은 있는 것처럼 보이나 실제로는 없는 것을 말합니다. 사람의 눈에 티끌 하나가 들어가면 밝은 눈을 제대로 뜰 수 없고 감아야만 합니다. 그 작은 티끌 하나로 인해 눈앞이 캄캄해지죠. 눈앞에 허공 꽃이 어지러이 흩날리게 됩니다.

우리의 마음에도 작은 번뇌 망상이 한번 일어나면 온갖 사심 잡념이 따라 일어납니다. 그러한 사심 잡념이 자리한 마음으로는 우주의 실상, 진리, 나의 참모습을 바로 볼 수 없습니다.
우리의 마음 하늘은 허공처럼 원래 맑고 깨끗합니다. 그런데 경계를 따라 번뇌 망상이라는 구름이 시시때때로 끼게 되죠. 이런 현상은 어쩌면 당연한 일입니다. 그래서 번뇌가 일어나는 것을 걱정하지 말고 빨리 알아차리지 못함을 걱정하라고 했습니다. 알아차리는 순간 번뇌는 곧바로 보리가 됩니다.

눈에 티끌이 들어가면 어떻게 하나요? 문지르면 아픔만 더하고 어둠이 더 오래갑니다. 방법은 티끌 하나만 제거하면 됩니다. 깨끗한 물로 씻어내든지, '호' 불어 티끌을 없애면 되지요.

티끌 하나가 온 세상을 어지럽게 합니다.
티끌 하나를 제거하면 밝은 세상이 됩니다.

아주 적은 양의 색감이라도 맑은 물 전체를 흐려 놓습니다. 어느 한 곳에 집착하면 그것밖에 보이지 않습니다. 작은 것 하나에 얽매어 전체를 보지 못하게 됩니다. 참으로 어리석은 일입니다.
어찌 보면 우리 마음에서 티끌은 상相이고 집착입니다. 상에 사로잡혀 있으면 그것에 가리어 실상을 제대로 보지 못합니다. 집착하면 괴로움의 바다에서 헤어 나오기 힘듭니다.

류시화 시인은 슬픔에 대해 "한 가지 슬픔이 천 가지 기쁨을 사라지게 만든다."라고 했는데요. 슬픔에 빠지면 모든 기쁨이 사라지지만 슬픔에서 빠져나오면 모든 기쁨이 밝게 빛납니다.

5.18!
슬프고 가슴 아픈 역사의 날입니다.
상처받은 모든 이들의 슬픔과 아픔이 치유되고 밝은 광명이 함께하시길 기원합니다.

○ 원기103년 5월 18일

멈추면, 비로소 보이는 것들

혜민 스님의 유명한 책 제목입니다.
바삐 살아가는 현대인들, 특히 젊은이들에게 '멈춤'을 통해 일상의 행복을 발견하고 자신의 참모습을 찾아가라는 지혜의 메시지입니다.

살아가면서 어렵게 느껴지는 것이 '멈춤'일 때가 있습니다. 고속도로에서 100㎞로 달리던 자동차를 갑자기 멈춰 세운다는 것은 매우 어렵죠. 마찬가지로 밖으로 뻗쳐나가는 내 생각, 오감, 습관의 그 무서운 기운을 멈추기는 쉽지 않은 일입니다. 멈출 수 없어서 사고가 나고, 한번 사고가 크게 나면 뒷감당이 안 되는 곤경에 빠지기도 합니다.

보는 것도, 듣는 것도 잠시 멈출 줄 알아야 합니다. 특히 생각을 멈출 수 있느냐는 큰 공부입니다.
눈을 감으면 보이지 않고 귀를 막으면 들을 수 없지만 일어나는 생각을 어떻게 막을 수 있을까요? 멈추려 하면 더 강하게 생각들이 일어나는 것을 경험합니다. 무의식 세계에서 잠재된 잘못된 생각들, 그 생각이 오랜 집착에 의한 것이라면 참 어렵습니다.

소태산 대종사님의 가르침에 의하면 마음의 요란함과 어리석음과 그름을 멈추라 하십니다. 꼭 마음의 평화만을 얻기 위해서가 아니라 바른 생각과 실천을 하기 위해서는 '멈춤'이 꼭 선행되어야 하는 조건입니다.

흐려진 물을 가만 놔두면 티끌이 가라앉아 맑게 되고, 비로소 맑았을 때 그 물속이 보이듯이 우리 마음도 멈추었을 때 바른 생각이 나오게 됩니다. 멈추면 많은 다른 것들이 보이게 됩니다.

저는 요즘 '생각의 멈춤'에 대해 많이 생각합니다.
과연 내 생각이 옳은지, 그동안 당연히 생각했던 나의 주관과 내가 합리적이라고 생각했던 내 생각들을 멈추고 가만히 들여다봅니다.

'아닐 수도 있다. 잘못된 생각일 수도 있다.'

우리는 생각함의 관성에 그대로 따라가게 되죠. 이때 멈추고 '아닐 수도 있다.'라는 부정을 해보면 내가 보거나 생각해 보지 못했던 다른 면들이 보이고 이해되는 소중한 경험을 하게 됩니다. 생각도 멈추면 더 넓게, 원만하게 보이게 됩니다.

아침에 들려온 북·미 간 안타까운 소식을 접하면서 잠깐의 멈춤이 평화 세계를 위해 더 크게, 더 넓게 보는 혜안이 열리길 기원합니다.

○ 원기103년 5월 25일

우리가 만난 기적

최근에 종영된 TV 드라마 제목이 '우리가 만난 기적'입니다. 좀처럼 드라마를 보지 않는 편인데, 우연히 본 것이 흥미가 있어 계속 보게 되었습니다.
A라는 사람이 죽었는데 이 사람의 몸에 B라는 사람의 영혼이 들어와 산다는 설정인데요. 한마디로 육신과 영혼이 다른 C라는 사람이 다시 생겨난 겁니다. 드라마에 대해 긴 이야기는 생략하고 주제인 '기적'에 대해서만 이야기해 볼까 합니다.

첫 번째 기적은 죽은 사람이 다시 살아난다는 것이지요. 이후에도 수많은 기적이 일어납니다. 하늘의 별들을 모아 생일 축하를 해주고, 위험한 순간에는 보이지 않는 누군가가 도와주고, 보험왕의 소원이 이루어지고, 그리고 마지막에 행해지는 기적은 미래의 기억을 간직한 채 과거의 원래 자리로 돌아가는 기적입니다. 이러한 기적들은 사실 신이 만들어 낸 기적들이죠.

드라마의 결론은 이렇습니다. 육체와 영혼이 다른 주인공이 죽기 전 어느 시점으로 돌아가게 됩니다. 그가 경험했던 미래의 기억을 가지고 말이죠. 그러면서 미래에 잘못된 상황들을 현재에 하나씩 올바르게 맞춰가게 되죠. 결국 행복한 결말로 드라마는 마무리됩니다.

나의 미래를 미리 알 수 있다면 어떨까요? 만약 미래가 불행하다는 것을 안다면, 지금 그 문제를 고쳐나갈 수 있지 않을까요?

미래를 경험한 주인공은 닥쳐올 불행도 예방하고 고쳐나갑니다. 가장 중요한 것은 무너졌던 가족의 행복을 본인 스스로 만들어 갑니다. 아내에게 무뚝뚝하고, 자녀들에게 엄하기만 했던 사람이 부드럽고, 이해심 많고, 다정한 가장으로 변하는 거죠.

우리가 만난 기적은 그래서, 죽은 사람이 다시 살아난다는 엉뚱한 이야기가 아니라 일상의 기적으로 전환해 놓습니다. 기적은 실현 불가능한 꿈이 아니라 작은 것에서 일어난다는 아주 소박하면서도 사실적인 교훈을 줍니다.

『열반경』에 이르시기를 "전생 일을 알고자 할진대 금생에 받은 바가 그것이요, 내생 일을 알고자 할진대 금생에 지은 바가 그것이라"라고 했습니다.

결국, 미래의 기적은 현재의 삶에서 결정되는 것이죠. 그리고 그 기적은 신神의 작품이 아니라 내가 짓고 내가 받는 인과의 기적임을 우리는 믿습니다.
지금 당장 좋고 나쁨을 따질 것이 아니라 미래의 죄와 복을 미리 심삭해 본다면 우리가 원하는 기적적인 행복한 삶이 이루어지지 않을까요?

○ 원기103년 6월 1일

참, 하기 어려운 충고

불교 『증지부경』에서 부처님께서는 '충고'에 대해 이렇게 말씀하십니다.

"남에게 충고하려면 먼저 다섯 가지를 생각해야 한다.
첫째, 알맞을 때를 가려서 충고하라.
둘째, 거짓 없이 진심으로 충고하라.
셋째, 부드러운 말로 충고하라.
넷째, 의미 있고 도움이 되는 말로 충고하라.
다섯째, 인자한 마음으로 충고하라."

충고한다는 것은 참으로 어려운 일입니다. 주저하기도 하고, 그냥 단념하는 때도 있습니다. 상대방이 이미 알고 있는 것일 수도 있고요. 참견하는 것 같고, 잘못하면 오히려 큰 화가 되기도 합니다. 요즘 말로, '지적질'로 오인당하기도 쉽죠.

보통, 충고할 때는 상대방의 그름이 보일 때 하죠. 당사자가 그것을 보지 못했을 때 알려주는 선행입니다. 부처님의 말씀처럼 아무리 옳은 말이라도 그것을 어떻게 전달하고 표현하느냐에 따라 상대방이 받아들임이 달라지는 게 사실입니다.

진심으로, 부드럽게, 상대방을 위하는 마음으로 그러면서 때에 맞게 하느냐가 매우 중요합니다.
따끔한 충고는 받아들이는 사람의 마음가짐이고, 충고하는 사람은 그 충고가 가시 돋친 따끔함이어서는 곤란합니다. 진심을 담아서 간곡하면서도 따뜻한 부탁이어야 합니다. 선한 마음을 전하기 위해선 내 안에서 더 깊게 선한 마음을 내어야 합니다.

충고하는 사람도 어렵지만, 충고를 받는 사람도 그 충고를 받아들인다는 것이 쉬운 일이 아닙니다. 아무리 옳다 하더라도 자존심이 상할 수도 있고요. 서로 신뢰가 쌓이지 않은 사이면 비난으로 들리기 쉽습니다. 충고를 기꺼이 받아들이고, 감사할 줄 아는 사람은 대단한 사람임이 틀림없습니다.

원불교 정산 종사께서는 이런 말씀을 하셨습니다.
"알뜰한 충고 잘 듣는 이가 세상에 참으로 귀 밝은 이니라."

저도 충고에 주저하는 편인데요. 충고할 때는 큰 용기를 내야 합니다. 그리고 충고를 하기 전에 꼭 저 자신을 살펴봅니다.

나는 이러한 충고를 할 만한 행실을 가졌는가.
나의 충고가 진정 상대방을 위하는 진심이 담겼는가.
그러면서, 꼭 충고가 필요하다고 생각될 때 마음속으로 기도를 올리고 충고를 하곤 합니다.

누군가가 저에게 어떠한 충고를 하더라도 그 사람의 진심을 생각해서 감사히 받아들이고 올바로 새겨야 하겠습니다.
큰 깨우침이 되고, 저를 새롭게 변화시키는 감사의 선물로 받아들이겠습니다.

○ 원기103년 6월 8일

전생이 있나요?

어떤 분이 묻습니다.
"전생이 있나요?"

그분께 물었습니다.
"어제가 있었습니까?"

"네?"

오늘까지의 삶이 내일이 됩니다.

위 대화는 지하철에서 우연히 본 글의 내용입니다.

우리는 어제가 있었고, 내일이 올 것임을 확신합니다.
전생과 내생은 어제와 내일과 같다는 말씀은 간명하지만, 쉽게 이해하기 어렵습니다.

너무 먼 과거이고, 너무 먼 미래라는 생각 때문일까요?
경험해 보지 못한 세계를 믿는다는 것은 무척 어려운 일입니다. 신통력을 갖춘다면 몰라도 전생을 안다는 것은 현생의 기억으로는 불가능합니다.

불교『열반경涅槃經』에는
"전생 일을 알고자 할진대
금생에 받은 바가 그것이요,
내생 일을 알고자 할진대
금생에 지은 바가 그것이라."라고 하였습니다.

사실, 우리는 어리석게도 어제의 노력이 오늘의 모습을 만들고, 오늘의 노력이 또다시 내일의 모습으로 이어진다는 매우 간단한 사실을 잊곤 합니다.

전생이 있나요?

어제는 분명히 있었습니다. 그러나 그 과거는 다시 붙잡을 수 없고 미래 또한 오지 않은 시간입니다.

과거에 집착하거나 매달리는 어리석음을 놓고 복된 미래를 만들기 위해 현재를 어떻게 살아야 하느냐는 물음으로 나의 삶을 가꿔 가면 좋겠습니다.

○ 원기103년 6월 15일

어제의 당신에게 지지 마세요

"어제의 당신에게 지지 마세요."

배봉산 산책길에서 본 글귀입니다.
그 아래 '마음 건강상담'이라고 적혀 있고 전화번호가 안내되어 있더군요. 마치 엉킨 실타래를 풀어야 하는 화두처럼 느껴졌습니다.

어제는 과거인데 어제의 '나'가 있을까요? 그런데 현재의 '나'는 어제의 '나'가 축적된 모습임을 부정할 수도 없습니다. 현재 속에 어제 나의 모습이 있습니다.

우리는 어리석게도 어제의 '나'를 부여잡고 있기도 하고 부여 잡혀 있기도 합니다. 잘못하면 어제에 발목이 잡혀 현재나 미래를 망치거나 포기하기도 합니다.
마음 건강이 약한 사람들은 과거에 집착합니다. 잘못한 일, 잘못된 인연에 끌려다닙니다.

어제는 그랬을 수 있어요.

화를 냈을 수도, 교통법규를 어겼을 수도, 꼭 해야 할 일을 다음으로 미뤘을 수도 있어요. 이런 어제의 모습 그대로 산다는 것은 불행을 거듭한다는 것이고 죄업을 쌓아간다는 것이겠지요.
한편으로, 어제의 당신이란 나 스스로 규정한 나의 모습이기도 합니다.

나는 못 해.
나는 안돼.
나는 변할 수 없어.

이렇게 상실감과 패배감에 젖어있을 경우 더 이상 희망을 기대할 수도, 행복한 삶을 개척할 수도 없습니다. 나의 의식과 행동은 매우 강한 습관에 젖어있습니다. 바꾸고 싶지만 쉽지 않습니다.

고정관념
선입견
관행
무의식적 행동

"어제의 당신에게 지지 마세요."

경산 종법사님께서는 "내가 나를 이기자."고 하셨습니다.
내가 나를 진정 사랑하기도 해야 하지만, 내 모습답지 않은 나의 모습에 대해 나를 이기는 노력이 꼭 필요합니다.

○ 원기103년 6월 22일

혼자 있으면 외롭고 둘이 있으면 괴롭다

저는 대부분 시간을 교당에서 혼자 보냅니다.
나 혼자 밥을 먹고, 나 혼자 외출하고, 나 혼자 산책을 하는 경우가 대부분입니다.

혼자여서 외롭다는 생각은 전혀 없습니다. 오히려 한가롭고 자유롭기도 하고 타인을 신경 쓰지 않아서 좋기도 하고요. 혼자 있으므로 갖는 장점이 참 많습니다.

혼자 있는 경우 기도, 좌선, 염불 등 수양의 시간을 갖기도 하고 교리 연마, 설교 준비 등으로 시간을 보내기도 합니다. 또, 책을 보기도 하고 여유롭게 TV를 시청하기도 합니다. 중간에 밥을 챙겨 먹다 보면 하루 시간이 금방 지나가 버립니다. 한마디로 약간 심심하거나 불편할 수는 있지만 혼자 있어서 외롭지는 않습니다.

혼자 있을 때 외롭다는 것은 뭔가 부족함을 느끼기 때문일 겁니다. 특히 사람의 정, 관심의 부족을 들 수 있습니다. 이렇게 되면 외로움이 괴로움이 되지요. 우리가 외롭다고 느끼는 것은 그 상황이 아니라 그 사람이 느끼는 마음의 상태, 생각이 좌우합니다.

그렇다면 다른 사람과 함께 있을 때는 즐거운가요?

둘이 있으면 오히려 괴로울 때가 많습니다. 제발, 벗어나 혼자 있고 싶을 때가 많죠. 보기 싫은 사람과 함께 있는 것이 괴롭고, 하기 싫은 일을 함께해야 하는 것이 괴롭습니다.

그런데 우리의 삶은 혼자만 있을 수도 없고 매번 함께할 수도 없습니다. 혼자 있어서 좋고, 함께 하게 되어 기쁘고 즐거운 것이 가장 이상적이겠지요.

경산 종법사님께서는 이렇게 말씀하셨더군요.
"혼자 있을 땐 선禪을 하고 둘이 있을 땐 불공佛供하라."

꼭 선이 아니더라고 혼자 있음을 즐기고 알찬 시간을 꾸려나가는 것이 중요합니다. 누군가와 함께 할 때는 내가 꼭 무언가를 해주어야 한다는 생각을 놓고 우선 상대를 편안하게 대해주는 것이 불공이 아닐지 생각해 봅니다.

오늘도 전 혼자만의 시간을 즐깁니다. 하지만 곧 누군가와 만날 것이고, 그때는 함께해서 행복한 시간을 보낼 겁니다.

혼자여서 좋고, 둘이라서 더욱 좋다.
그렇게 되길 소망합니다.

○ 원기103년 6월 29일

오면 간다, 주면 받는다

오늘이 왔고, 그 오늘은 반드시 지나갑니다. 봄이 오면 가고, 다시 여름이 옵니다. 사람도 만났다 헤어집니다. 나라는 존재 또한 왔다가 인연이 다하면 갑니다.

오면 가는 것, 너무 당연한 이치입니다. 자연과 인생의 변화가 바로 그것입니다. 오면 간다는 것은 모든 것은 변한다는 것이고, 영원한 것은 없기에 집착하여 괴로움을 갖지 말라는 것입니다. 오면 가듯이 가면 다시 오는 이치를 아시나요?

네, 가면 반드시 다시 옵니다. 똑같은 모습은 아니지만 간 것은 다시 오게 되어 있습니다. 이 밤이 지나면 다시 새날이 오고, 봄이 지나면 여름이 오고, 그다음엔 가을이 옵니다.

자연의 변화는 이렇게 당연하게 생각하는데, 삶과 죽음, 짓고 받는 인과의 이치에는 확실한 믿음이 있나요? 죽으면 다시 태어나고 주면 다시 받는다는 이치가 있다는 것을.
눈앞의 것은 확인할 수 있지만 먼 시간, 먼 공간의 세계는 알지 못합니다.

지혜의 눈을 가진 성인은 오면 가고, 주면 받는 그 과정을 긴 안

목으로 바라보는 분들이시죠. 그러나 범부 중생은 짧은 눈으로 보기 때문에 간 것은 알지만 오는 것을 보지 못하기도 합니다. 안 오는 것이 아니라 지금 오는 중이라는 사실을 알아야 합니다. 내가 못 보는 것이지, 안 오는 것은 아니라는 것이지요.

소태산 대종사님께서는 "주는 사람이 받는 사람이 되고 받는 사람이 곧 주는 사람이 된다."라고 말씀하셨습니다.

좋은 마음과 기운을 보내면 좋은 마음과 기운으로 화답합니다.
환한 미소로 인사하면 환한 미소로 답합니다.

가면 오고 주면 반드시 받게 됩니다.
아직 때가 되지 않은 것이고 내 눈에는 보이지 않을 뿐입니다.

더위가 물러가고 시원한 바람이 불어옵니다.
고통과 힘듦이 지나고 즐거움과 편안함이 찾아옵니다.

○ 원기103년 7월 6일

바람은 보이지 않지만

교당 현관문을 열어두면 시원한 바람이 들어옵니다. 의자에 앉아 그 바람을 맞이합니다. 여름엔 이곳이 더위를 피하는 최고의 명당 자리입니다.

바람은 보이지 않지만, 시원함으로 나의 더위를 식혀 줍니다.
바람은 보이지 않지만, 흔들거림으로 나뭇잎을 춤추게 합니다.
바람은 보이지 않지만, 우리는 바람의 존재를 알 수 있습니다.

보이는 것을 통해
느끼는 것을 통해
우리는 보이지 않는 존재를 인식합니다.

바람에 깃발이 흔들리는 것을 보고 두 스님이 서로 다투고 있었습니다.

"깃발이 흔들린다."
"바람이 흔들린다."

이를 바라보던 혜능 대사가 말합니다.

"깃발이 흔들리는 것도 아니고
바람이 흔들리는 것도 아니고
그대들 마음이 흔들린 것이다."

바람이 부니 깃발이 흔들리는 것이고, 깃발이 있으니 바람의 존재를 압니다. 그러니 깃발이 흔들린다는 말도 바람이 흔들린다는 말도 틀리지 않아 보입니다.

마음이 흔들린다고 함은 깃발의 흔들림과 바람의 흔들림을 마음이 안다는 것이겠지요. 마음이 없으면 깃발도 바람도 없는 것입니다.

마음이 멈추면 깃발의 흔들림도 바람의 흔들림도 없습니다.
마음이 멈추면 눈, 귀, 코, 입, 몸에 나타나는 갖가지 현상도 마음으로 짓는 갖가지 분별심도 없습니다. 분별로 인해 일어나는 괴로움도 즐거움도 없습니다.
그래서 일체는 마음이 짓는 것이고 마음이 받는 것입니다.

더위를 타는 사람에게는 시원한 바람이 되고, 추위를 타는 사람에게는 차가운 바람이 됩니다.

윙윙거리는 선풍기 바람보다 현관문을 통해 들어오는 상큼한 자연의 바람이 더 좋습니다.
바람은 보이지 않지만 아마, 당신님께도 향해 가겠지요.

○ 원기103년 7년 13일

소·나·기

노원구 중계동에는 소나기 아파트가 있습니다. 아파트 이름이 '소나기'는 아니고요. 그 아파트 주민들이 추구하는 가치입니다. 소·나·기는 소통, 나눔, 기쁨, 세 단어의 약자인데요. 여름철 소나기처럼 강하게 와 닿는 이름입니다.

보통 아파트 하면, 성냥갑처럼 획일화된 건물 구조와 칸칸이 막혀 이웃과 단절된 이미지가 있지요. 위아래층은커녕, 옆집과도 모르고 사는 것에 익숙해져 있고요.

이런 아파트 문화를 소통과 나눔과 기쁨의 아파트로 만들고자 하는 주민들이 자발적으로 공동체 문화를 만들어가고 있습니다. 회색의 아파트 문화를 무지개색 공동체 문화로 바꿔 가는 노력이지요.

우리 삶에도 여름철 소나기처럼 소통과 나눔과 기쁨의 시원한 비가 내리면 좋겠습니다. 막히지 않고 잘 통하고, 내 것만 챙기지 말고 잘 나누고, 혼자만이 아니라 함께하는 기쁨을 생각해 봅니다.

소통하면 나눌 수 있고, 나누면 기쁨이 됩니다.

그 가운데 행복한 우리가 있고요.

저는 지금 교무훈련 중입니다.
이 훈련에도 소·나·기가 함께하고 있습니다.

소통
나눔
기쁨

무더운 여름날,
당신에게도 소나기가 내리길 기원합니다.

○ 원기103년 7월 20일

폭염과 피서

연일 무더위가 계속되고 있습니다. 폭염暴炎, 사나운 불꽃이 맞습니다. 한낮의 이 뙤약볕에 나간다는 것은 무모한 일이고, 생각하기도 싫은 일입니다. 푹푹 찌고, 삶고, 땀은 저절로 줄줄 흐릅니다.

어제저녁, 제 방 안 온도가 무려 35도이더군요. 건물 위가 바로 옥상이라 잘 데워진 옥상 열이 장난이 아닙니다. 손바닥으로 천장 가까운 벽면을 대어 보니 훈기가 팍팍 느껴질 정도입니다.

지난 일주일은 중앙중도훈련원에서 그야말로 행복한 피서 기간이었습니다. '피서 낙원'이라는 표현이 더 어울릴 정도였지요. 강의실, 선실, 숙소, 식당 등 복도를 뺀 전 구역에 냉방시설이 잘되어 있어 더위를 잊고 살았습니다.

이 더위를 '이열치열以熱治熱' 하기엔 무모해 보입니다. 가능한 이한치열以寒治熱로 더위를 피해 보는 것이 상책일 텐데요. 낮에는 가능한 외출을 자제하고 시원한 바람과 시원한 음식으로 몸을 보호하고 조절하는 지혜가 필요해 보입니다.

그리고 무엇보다도 이 더위에는 가능한 열받을만한 일이 없으면 좋겠어요. 짜증이 나고, 성질이 나고, 화가 나는 일을 만들지도 말고, 전달하지도 않도록 조심해야겠어요.
이 찌는 듯한 더위에도 그 무더위와 싸워야 하는 곳에서 일하시는 분들의 노고와 은혜에도 감사심을 가져 봅니다.

오늘이 중복中伏입니다. 복날은 가을철의 기운이 대지로 내려오다가 아직 여름철의 더욱 기운이 강렬하여 일어서지 못하고 엎드려 복종한다는 의미라고 합니다.

"삼복지간三伏之間에는 입술에 붙은 밥알도 무겁다."라는 속담이 있습니다. 사소한 일조차도 힘들어지는 '삼복더위'에 가능하면 더위를 피하시고 몸에 좋은 음식 드시고 힘내시길 기원합니다.

○ 원기103년 7월 27일

극하면 변한다

연일 무더위가 계속되고 있습니다. '더워 죽겠다'라는 말이 저절로 입에서 나올 정도입니다. 절기상으로는 이제 곧 입추立秋에 이르렀는데 말이죠.
들끓는 불볕더위도 극으로 치닫고 있지만 극하면 변하는 이치에 따라 이 더위 또한 사그라질 것이 분명합니다. 그것이 자연의 이치니까요.

정산 송규 종사께서는 "극하면 변하는 것이 천지의 이치라, 개인이나 가정이나 단체나 국가나 모두 왕성할 때를 조심하여야 하나니라."고 말씀하셨습니다.

한마디로 잘 나갈 때 조심해야 합니다. 지금의 성공과 영광이 끝까지 가긴 어렵죠. 제행무상諸行無常이 인생무상人生無常입니다. 돈도, 명예도, 권력도 너무 극하면 무너지게 되어 있습니다.

모든 변화는 극極에서 이루어집니다. 그것도 지극至極하면 반드시 이루어지는 것이 진리의 응답입니다. 물은 끓는점이 100도가 되었을 때 액체가 기체로 변하는 전환이 이루어지죠.
이와 마찬가지로 모든 일의 성공에는 지극정성이 필요합니다. 이루어질 때까지 끝없는 정성을 다하는 것입니다.

지성은 지극정성을 뜻합니다. 그래서 지성이면 감천이 되고 지성으로 하면 진급이 되고 은혜를 입는다고 하셨습니다.

8월은, 원불교에서 법인성사法認聖事의 달입니다.
아홉 분 선진님들은 한마음 한뜻으로 모든 창생의 구제를 위해 하늘에 기도를 올리고 죽어도 여한이 없다는 사무여한死無餘恨의 정성으로 백지혈인白指血印의 이적을 보이셨습니다.

사즉생死卽生, 죽고자 하면 살게 되는 이치가 있습니다.
사死의 극은 생生의 시작입니다.
소태산 대종사님께서는
사死는 무아無我요, 생生은 봉공奉公으로 다시 살리셨습니다.

"극하면 변한다."

왕성할 때 겸손하고 사양하며 남을 위하는 마음을 갖고, 모든 일과 인연에 지극정성으로 불공을 하게 되면 원하는 바 모든 것들을 이루게 될 것입니다.

이 무더위에도 곧 찬바람이 불 것입니다.
어둠이 지나면 밝음이 오고 고통이 다하면 낙이 찾아옵니다.

건강 잘 챙기시길 기원합니다.

○ 원기103년 8월 3일

1도 차이

어제 오후에 작은 소나기가 내려서 그런지 간밤에 온도계가 35도에서 34도로 1도가 내려갔습니다.
겨우 1도가 내려간 것인데도 몸과 마음이 느끼는 기분은 확연히 달랐습니다. 좀 더 시원하고 가벼운 느낌이 들더라고요.

자연의 순리는 작은 것이 모여 큰 것이 되는 것이지만, 자연의 오묘한 이치는 작은 티끌 하나에 우주가 들어있기도 합니다. 작은 것은 작은 것이 아니고 큰 것은 큰 것이 아닙니다.

자연의 세계는 미세한 차이가 사실 큰 변화를 만들어냅니다. 현상의 세계에서 느끼는 것보다 마음에서 느끼는 작은 차이가 더 확연합니다. 마음 하나를 바꾸고 돌리면 완전히 새로운 사람이 되기도 하고 완전히 딴 세상이 되기도 합니다.

슬픔이 왔을 때
작은 하나를 공감해 주면, 그 위로가 큰 힘이 되고
괴로움이 왔을 때
작은 하나를 덜어내면 감당해야 할 무게가 훨씬 가볍고
즐거운 일에는
작은 하나를 더하면 그 기쁨이 훨씬 커짐을 알게 됩니다.

1도 차이!
작지만 전혀 작지 않은 차이, 물이 끓기도 하고, 변화 없이 그대로 있기도 합니다. 장애를 뛰어넘기도 하고, 그대로 머무르기도 합니다.

당신의 필요에 따라
1도가 올라가기도 하고
1도가 내려가기도 하면 좋겠습니다.

○ 원기103년 8월 10일

신과 함께 2 - 인과 연

영화 '신과 함께 2'를 봤습니다. 주제가 '인과 연'인데요. 인연因緣은 불교에서 매우 중시하는 주제입니다.
이승과 저승, 과거와 현재를 오가며 천년의 비밀이 밝혀집니다. 저승 삼차사의 인연 관계, 그리고 염라대왕까지. 천년 전 그들의 인연의 얽힘이 오늘의 현재 모습으로 나타난다는 설정인데요.

이 영화에서는 왜 저승 삼차사가 인간의 몸으로 환생하지 못하고 저승에서 49명의 귀인貴人을 찾아야 했는지 그 연유를 보여주고 있습니다.
모든 결과에는 인[씨앗]이 있고 그 인은 반드시 연[환경]을 만나야 그 과[열매]를 나타내게 됩니다. 그래서 인과는 정확히 말하면 인연과 법칙입니다.

우리 삶에 벌어지는 모든 일은 다 인연의 소치입니다. 특히 나와 함께하는 모든 인연은 과거로부터 이어져 온 인연의 연속입니다. 그리고 현재의 인연 또한 미래로 이어질 것입니다.

영화는 이렇게 말하고 있습니다.
"나쁜 사람은 없다. 나쁜 상황만 있었을 뿐."

나쁜 상황이란, '연緣'을 말하는데, 나쁜 사람이 정해져 있는 것이 아니라 어떤 연을 만나느냐에 따라 달라진다는 것입니다. 그래서 행복한 삶을 위해서는 좋은 인연[善緣]을 만나는 것이 매우 중요한 일입니다.

그런데도 저는 그러한 연[환경] 또한 나의 인因과 무관하지 않다고 생각합니다. 인과 연은 서로 주고받는 것이기 때문이지요.

부모와 자식 간의 인연, 부부 사이의 인연, 스승과 제자 사이의 인연, 어떤 인연으로 맺어진 관계일까요?

우리는 수많은 인연으로 맺어져 있고 앞으로도 그 인연들을 만들어가게 됩니다. 좋은 인연이든, 낮은 인연이든 말이죠.

결국 우리 삶은 인연의 소치이지만, 그 인연 또한 내 책임이고 내가 감당해야 할 몫이라는 것을 거부할 수 없습니다. 혹시 악연惡緣이라면 꼭 풀고 가야 하고요.

당신이 만나는 모든 인연마다 서로에게 은혜와 복이 되는 좋은 인연이 되시길 기원합니다.

○ 원기103년 8월 17일

균형감각[balance]

제 몸이 매우 아팠습니다. '전정신경염'이란 병으로 새벽에 응급실에 실려 가 며칠 동안 입원하는 일이 생겼습니다. 지금은 조금 좋아진 상태입니다.

전정신경염의 증세는 심한 어지러움인데요. 서 있기는 고사하고 모든 것이 빙빙 도는 것이었습니다. 예를 들면 코끼리 코를 잡고 10바퀴 돌고 난 뒤의 상태와 비슷합니다. 이렇게 중심이 잡히지 않기 때문에 처음엔 누워 눈을 감고 있어야만 했습니다.

다 아시다시피 우리 귀에는 몸의 균형을 잡아주는 전정기관이 있는데 이곳에 문제가 생기면 몸의 균형을 잃고 쓰러지게 됩니다. 외형적으로 아무리 튼튼한 몸이라도 몸의 균형이 맞지 않으면 쓰러질 수밖에 없습니다.

몸뿐이겠습니까?
마음의 균형이 무너지고 생활의 균형이 무너질 때가 있지요.
마음이 혼란스럽고 생활이 곤란해지게 됩니다.
마음도 생활도 균형이 무너지면 쓰러지게 됩니다.

균형을 잡는다는 것은 불편불의不偏不倚, 치우치거나 기울지 말라는 것입니다. 한쪽으로 쏠리게 되면 넘어질 수밖에 없습니다.

마음공부를 하는 사람은 희로애락의 감정에 치우치고, 시비 이해의 판단에 치우치고, 원근 친소의 인연에 치우치는 것을 경계해야 할 것입니다.
그런데, 우리 삶에서 정확하게 50대 50으로 균형을 잡는 것은 어려운 일입니다. 세상의 풍랑이 나를 흔들기도 하고 나 스스로 그런 상황을 만들기도 합니다.

마음의 균형을 잡아주는 것은 무엇이고
생활의 균형을 잡아주는 것은 무엇일까요?

균형을 잡는다는 것은 중심을 잘 잡는다는 것입니다. 경계에 흔들릴 때면 본래 마음인 자성自性이 내 마음의 중심을 잡아야 합니다. 종교 신앙이 거친 세상의 풍파 속에서 내 생활의 중심을 잡아주게 됩니다.

균형 잡힌 몸!
균형 잡힌 마음!
균형 잡힌 생활!

중심中心이 무엇보다도 중요합니다.
저도 중심을 잘 잡아보겠습니다.

○ 원기103년 8월 31일

뜨거워야 익는다

TV를 통해 천일염이 만들어지는 과정을 봤습니다. 햇볕이 뜨거울수록 소금의 결정체가 더욱 크고 단단하게 맺힌다고 합니다. 당연히 뜨거운 여름에 소금 생산량이 많겠지요.

곡식과 과일도 뜨거운 여름을 지나야 속살이 채워지고 단단하게 여물게 됩니다. 요즘 시작된 따스한 가을 햇살은 여름의 마지막 열기들을 모으고 모아 가을 열매에 차곡차곡 채워 넣는 것으로 보입니다.

청춘의 사랑도 한번은 뜨거워야 익는 것 같아요. 뜨겁게 사랑해 보지 않고 사랑을 말할 수 있을까요? 그 뜨거움이 때론 병이 되기도 하지만 청춘은 여전히 정열적인 사랑을 꿈꿉니다. 그래도 조심할 것은, 너무나 뜨거우면 모두 타 재가 되어버린다는 사실을….

우리 삶의 과정에도 뜨거움이 있습니다.
뜨겁게 공부하고
뜨겁게 일하고
그 뭔가 정해진 목표를 향해 뜨겁게 달려갑니다.

수도인으로서 나에게도 그 뜨거움이 있었는가, 반성해 봅니다.

불타는 용맹정진이 있었는가!
한 번의 뜨거움이 아니라 쉼 없는 수도의 정열을 간직하고 있는가!

열기熱氣! 뜨거운 기운, 익기 위해서는 뜨거움이 있어야 합니다. 뜨거워야 끓어오르고 끓어올라야 익힐 수 있습니다.
그러나 매번 뜨거울 수는 없겠죠. 뜨거워야 할 때는 뜨거워야 하고, 식어야 할 때는 식어야겠지만 정작 뜨거워야 할 때를 놓치는 경우는 아쉽죠.

안도현 시인은 이렇게 묻습니다.
"연탄재 함부로 차지 마라.
너는 누구에게 한 번이라도 뜨거운 사람이었느냐."

뜨거워야
잘
익습니다.

○ 원기103년 9월 7일

관상 觀相

얼굴에는 그 사람의 얼이 담겨 있습니다. 정신의 줏대가 얼굴에 어려 있어서 '얼굴'이라고 말합니다. 잘 생겼다, 못생겼다는 아름다움과 추함이 아니라, 얼굴의 인상이 좋아야 좋은 관상입니다.

얼과 혼이 담겨 있는 얼굴에는 지낸 나의 몸과 마음의 흔적이 배어 있고, 생김새로 그려져 있습니다. 그래서 관상의 다른 이름은 얼굴에 그려진 나의 인과입니다.

아무리 좋은 사주팔자도 좋은 관상만 못 하고 아무리 좋은 관상도 좋은 심상心相만 못합니다. 얼굴이 좋은 것이 건강이 좋은 것만 못하고, 건강이 좋은 것이 마음이 착한 것만 못하고, 마음이 착한 것이 덕성이 훌륭한 것만 못하다고 했습니다.

이 순간부터 자기 얼굴을 잘 가꾸어야 합니다. 못난 얼굴이 잘난 얼굴이 될 수 있고, 잘난 얼굴이 못난 얼굴로 변할 수도 있습니다. 그것은 오직 자신에게 달려 있습니다.

당신의 얼굴에 책임을 질 줄 알아야 합니다.
맑고 온화한 얼굴
밝고 편안한 얼굴

인정과 자비가 넘치는 얼굴
이 아름다운 얼굴을 가꾸기 위해서
우리는 정신을 수양하고 마음을 닦으며 살아갑니다.

얼굴의 인상이 바뀌듯이 자신의 운명도 바뀔 수 있습니다. 운명에 체념하지 않고, 포기하지 않고, 우리는 자신의 운명을 스스로 만들어가는 사람들입니다.

조물주가 누구입니까?
내가 내 얼굴을 만들고
내가 내 삶의 행복과 불행을 결정하는 조물주입니다.

파도만 보지 않고 파도를 일으키는 바람을 보는 것!
파도가 위로 올랐다가 다시 내려가는 이치를 아는 지혜!
지난 과거를 거울삼아 미래를 내다보는 밝은 지혜의 눈을 갖는 우리가 되길 염원합니다.

○ 원기103년 9월 14일

자주 만나야 한다

또 한 번의 역사적인 만남이 있었죠. 평양과 백두산에서 남북 정상이 만났습니다. 두 정상의 환한 미소가 너무나 보기 좋았습니다. 우리 민족의 미래도 백두산의 높은 기상처럼 넓고 드높았으면 좋겠다는 소망을 가져 보았습니다.

사람 사는 세상에서 중요한 것은 자주 만나는 것으로 생각해 봅니다. 좋아서 만나기도 하지만, 안 풀리는 일이 있을 때도 만나야 잘 풀립니다.

문자보다 전화 통화가 더 좋고, 전화보다는 직접 만나 얼굴 보는 것이 더 좋지요. 얼굴만 볼 것이 아니라 함께 밥 먹고 차 마시고 얘기하다 보면 정이 쌓이고, 서로 간에 신뢰가 돈독해집니다.
자주 만나야 합니다. 억지로가 아니라 그리워하며 만나야 합니다. 몸이 멀어지면 마음도 멀어진다고 했습니다.

때로는 힘들고 괴로운 만남도 있습니다. 원수 같은 사람을 만나는 것은 큰 고통이죠. 이런 만남은 대부분 피하고 싶겠죠. 그런데 피할 수 없는 만남이라면 부딪혀 볼 필요도 있습니다.
용기 내어 내가 먼저 다가서는 겁니다. 그동안 막혔던 장벽이 하나둘 무너지고 소통과 화해의 기운이 돌 수 있습니다.

어디서 만나느냐 하는 것도 중요한 것 같아요. 남과 북의 두 정상이 백두산 천지에서 찍은 사진을 보면서 가슴 뭉클했습니다. 평화, 새로운 미래가 열리는 듯했습니다. 저 또한 우리 땅을 거쳐 백두산에 오를 꿈을 갖게 되었습니다.

어떤 사람을 만나느냐.
얼마나 자주 만나느냐.
어떤 장소에서 만나느냐.
만남의 기쁨과 보람을 위해 중요한 부분이라 생각합니다.

그리고 수도인에게는 진리와의 만남, 스승과의 만남, 법 동지와의 만남이 참 중요한 만남이 되겠지요.
이 또한 자주 만나야 합니다. 그래야 내 마음이 크고 내가 도道로, 법法으로 익어갑니다.

또 하나 중요한 만남은 매일 아침 좌선[명상]을 통해 참 나와 만나는 것입니다. 깊은 만남을 통해 일상에서도 평화와 행복이 찾아오게 됩니다.

추석 명절입니다.
조상과 가족의 만남이 기다리고 있습니다.
그 만남도 그리움과 행복으로 가득하길 기원합니다.

○ 원기103년 9월 21일

실천이 힘이다

당나라 시인 백낙천이 묻습니다.
"어떻게 수행해야 합니까?"
조과 선사가 답합니다.
"나쁜 짓 하지 말고 선행을 해라."
백낙천이 코웃음을 치며 말합니다.
"그런 것쯤이야 세 살 먹은 아이도 다 아는 말입니다."
이에 조과 선사가 말합니다.
"세 살 먹은 아이도 쉽게 알 수 있으나 백 살 먹은 노인도 실천하기는 어렵다."

흔히 '아는 것이 힘'이라고 말합니다. 그런데 아는 것은 실천했을 때 진정한 힘이 됩니다. 아는 것을 행동으로 옮기는 것, 알기보다 더 어려운 일이기도 합니다.

남에게는 하라고 가르치면서 정작 자신은 실천하지 않는다면 그 말이 먹힐까요? 그럴싸한 말이지만 실천이 따르지 않으면 아무 소용이 없습니다.

지행일치知行一致, 아는 것과 행동을 일치시키는 것. 예로부터 지식인의 행동철학이며 그 사람의 인격을 판단하는 가늠자였습니다. 저 또한 실천에 힘쓰고자 하지만 마음대로 되지 않아 좌절하거나 자책할 때가 많습니다. 그래도 될 때까지 해보려고 노력합니다.

실천이 잘 안되는 이유는 무엇일까요?
제대로 알지 못했거나 꼭 해야겠다는 자각이 없거나 오랜 습관과 욕심 때문이 아닐지 생각해 봅니다.

아는 대로, 마음먹은 대로, 한 번에 실천할 수 있다면 좋겠지만 쉬운 일은 아닙니다. 큰 욕심 부리지 않고 작은 것부터 하나씩 실천하는 노력이 중요할 것 같아요.

소태산 대종사님께서는 말씀하셨습니다.
"실행[실천]이 없는 것은 줄기와 잎과 꽃은 좋은 나무에 결실이 없는 것과 같다."라고.

내가 아는 것의 반절만 제대로 실천했어도 내 삶의 모습은 달라져 있을 겁니다. 좋은 선행은 아니더라도 최소한 악행만은 하지 않는 노력이 바로 선행일 수 있습니다.

"실천이 힘이다."

실천한 만큼 나아갈 수 있고 얻어지게 됩니다.

○ 원기103년 9월 28일

거짓 포장

최근 충북 음성에서 일어난 '미미쿠키' 사건을 알고 계시나요? 어떻게 이럴 수가 있나, 싶은데요. 먹는 것 갖고 장난쳐서는 안 되는데 말이죠.

유기농으로 만든 쿠키와 빵이라고 팔았는데 알고 보니, 대형 마트에서 산 제품을 겉 포장만 바꿔 팔다가 들통난 사건입니다. 참, 어이없고, 어리석은 일입니다.

저는 이 사건을 보면서 '거짓 포장'을 생각해 보았습니다.
아마도, 처음엔 이런 나쁜 생각을 하진 않았을지도 모르죠. TV로 명성을 타고, 돈을 벌 수 있는 기회이다 싶어 이런 무모한, 겁 없는 술수를 쓰지 않았나 싶습니다. 한마디로 욕심에 가리면 사리 분간이 잘 안되는 것이지요.

속 내용은 A인데, 겉 포장을 B로 하면 A가 B가 될 수 있을까요? 처음에는 속일 수 있을지 모르지만, 결국 진실은 밝혀지게 되어 있습니다.
잘못된 처신은 아무리 숨기려 하여도 드러나게 되어 있습니다.
'한번쯤, 이번만은 괜찮겠지.'라는 생각이 두 번이 되고, 더 큰 잘못으로 이어집니다.

거짓은 더 큰 거짓을 낳고 그 거짓을 숨기기 위해 또 다른 거짓으로 포장하게 됩니다.
알맹이가 거짓인 것을 그럴싸한 것으로 포장한다고 해서 그 알맹이가 참이 될 수는 없습니다.

'미미쿠키' 사건!

알맹이에는 관심 두지 않고 겉 포장만 요란하고 다른 사람의 것을 베끼거나 하지는 않는지, 그러면서 속 알맹이도 겉 포장지와 같을 거라고 착각하고 있지 않은지, 현혹되지 않아야 하고 속이거나 방치해서도 안 됩니다.

속은 알알이 채우지 못한 채 남의 지혜와 지식을 앵무새처럼 떠들어대는 그런 사람이 되어서는 안 되겠다고 반성을 해봅니다.

◦ 원기103년 10월 5일

여섯,
작은 불꽃 하나가

작은 불꽃 하나가

며칠 전, 고양에서 저유소 화재 사건이 있었죠. 허술한 안전관리 시스템이 다시 한번 도마 위에 올랐는데요. 어떤 일이 한번 크게 터지고 난 뒤에 대책을 마련하는 모습은 매번 소 잃고 외양간 고치는 식이어서 씁쓸합니다.

풍등의 작은 불꽃 하나가 그 엄청난 화재 사고의 원인이라고 하는데요. 작은 불꽃 하나가 화마火魔로 변해 엄청난 양의 기름을 태워버린 것입니다.

각종 화재 사고나 대형 산불도 그 시작은 작은 불꽃에서 비롯됩니다. 그런데, 그 결과는 엄청난 재산과 인명피해를 가져다주죠. 작은 불꽃이라고 무시할 수 없는 엄청난 위력이 있습니다.

불은 어디에 있느냐, 어디에 쓰이느냐에 따라 유익하기도 하고, 큰 손해를 끼치기도 합니다. 대형 화재를 일으키는 불씨가 되기도 하지만 소망을 담아 풍등으로 밤하늘을 아름답게 수놓기도 합니다.

인도 뉴델리 간디 추모공원에는 무저항 비폭력을 주장했던 마하트마 간디의 사상을 기리며 24시간 꺼지지 않는 등불이 있습니다. 그 작은 불꽃이 간디의 숭고한 정신을 나타내고 있습니다.

작은 불빛들이 모이고 모여 환한 세상을 만들고, 따뜻한 온기를 전해주기도 합니다. 마음에 불을 붙이면 사랑이 뜨겁게 불타오르기도 하고, 뭔가를 이루기 위해 열정적으로 일하기도 합니다.

부처님께서는 보시布施와 관련해서 횃불에 비유하기도 했는데요. 직접 보시도 해야 하지만 다른 사람이 남에게 보시하는 것을 보고 즐거운 마음으로써 도와주면 또한 많은 복을 얻게 된다고 하십니다.

이때 한 사람이 부처님께 질문합니다.
"그러면 저 사람의 복이 마땅히 감해지지 않겠나이까?"
부처님께서 대답하십니다.
"그것은 비유컨대 저 횃불과 같아서 비록 수천백인이 와서 그 불을 붙여간다고 하여도 저 횃불은 그로 인하여 조금도 적어지지 아니하고 그대로 있을 것이니 복도 또한 그러하나니라."

수천백인이 보시의 횃불을 들고, 수만 수천 인이 진리의 횃불을 들고, 수억 수천만 인이 사랑과 은혜의 횃불을 들면 이 세상이 더욱 밝고 따뜻해지지 않을까요?

○ 원기103년 10월 12일

지는 것이 이기는 것

싸움을 말리면서 보통 이렇게 말합니다.
"지는 것이 이기는 것이야."
"네가 좀 참아."
세상을 살아가면서 자주 듣는 얘기죠.

이겨야 할 때가 있고, 져야 할 때가 있음을 우리는 압니다. 이겨야 할 때 지고 져야 할 때 이기려고 하면 어리석은 사람입니다.

지는 것이 이기는 것! 이 말은 굉장한 역설이죠. 지면 지는 것이지, 지는 것이 이기는 것이라니. 이기기가 쉽지, 져주기는 더 어려울 수 있습니다. 세상은 지는 사람을 바보 못난이라고 생각하기 때문이죠.

살다 보면 그럴 때가 있습니다. 지는 것이 아니라 져줘야 할 때가 있습니다. 부모는 자식에게 져주고, 부부 사이에는 누가 먼저라 할 것 없이 서로 져줘야 할 때가 많습니다.

지는 것이 이기는 것이란 능히 이길 수 있음에도 꼭 이겨야 할 이유가 없으므로 져주는 것입니다. 겉으로는 이겼다 하더라도 속으로 지는 일도 있고 당장은 이겼을지라도 시간이 지난 뒤 그

것이 진 것이란 걸 늦게 깨닫는 수도 있습니다.
그런데, 져줄 수 있는 것은 먼저 내가 나를 이겼을 때 가능한 일입니다. 분노를 참아야 하고, 때론 굴욕까지도 이겨내야 합니다. 자존심을 접어야 할 때도 있습니다. 이는 마음의 힘을 갖춘 사람만이 할 수 있는 권한입니다. 아니, 어쩌면 내 마음에 사랑이 더 크기 때문에 가능한 일입니다.

누군들, 상대방을 누르고 싶은 마음이 없겠습니까?
상대방을 누르기 전에 먼저 내 마음을 눌러야 하고, 상대방을 이기기 전에 먼저 나 자신과의 싸움에서 이겨야 합니다.

어리석은 사람이 화를 내며 욕을 퍼부을 때,
나는 어떻게 해야 할까요?

침묵과 인내로 그를 다스려야 합니다. 상대방에게 지는 것 같지만 나 자신과의 싸움에서는 이기는 것입니다. 나를 능히 이길 수 있어야 다른 사람을 이길 수 있습니다.

지는 것이 이기는 것!

질 수 있는 용기가 필요하고 상대를 끌어안을 수 있는 넓은 아량과 관용이 필요합니다.
덜어내고 비웠을 때 가능한 일입니다.

○ 원기103년 10월 19일

해가 지니 달이 뜨네

서울교구 주임 교무 모임에서 가을 문화 기행으로 강화도에 다녀왔습니다. 오전엔 비가 내려 걱정이 많았으나 오후부터는 청명한 가을 하늘에 붉고 노랗게 물들어 가는 단풍이 참 가을다웠습니다. 몸도 마음도 한껏 즐거웠습니다.

마지막 일정으로 관음 도량인 보문사를 들렀습니다. 극락보전 아미타 부처님께 참배 올리고 때마침 서해로 기울어가는 낙조落照를 감상할 수 있었습니다. 붉게 물든 저녁노을에 모두 환호성으로 카메라에 추억을 담기에 바빴습니다.

아쉬움을 뒤로 하고 이제 서울로 향하는 길, 약간 어두워지기 시작하면서 낮은 하늘로 달이 보였습니다.

"해가 지니 달이 뜨네."

제 입에서 저절로 나온 말입니다.
때마침 보름이라, 둥그러움이 달을 꽉 채우고 있었습니다.

해가 지고 달이 뜨고, 낮이 지나고 밤이 옴은 천지자연의 자연스러움입니다. 새삼스럽게 마음속에 작은 감동이 이는 것은 해가

지자마자 바로 달이 눈에 들어왔기 때문일 것입니다.
이렇게 그 자리에서 눈으로 직접 확인하니 그 감동이 달리 느껴집니다. 당연한 사실이 아니라 오묘奧妙함을 그대로 전달받기 때문에 더욱 그렇습니다.

해가 뜨고 지는 것도 달이 뜨고 지는 것도 아닙니다. 그 자리에 그 모습으로 있지만, 우리 눈에 그 변화의 모습으로 보이는 것뿐이죠.
뜨고 지는 것이 해와 달 뿐이겠습니까?
인간의 태어남과 죽음도 만물의 생로병사 변화도 그러하지요.

강화도 보문사에서만 해가 지고 달이 뜨는 건 아니죠. 오늘 내가 바라보는 하늘에서도 해가 지고 달이 뜰 겁니다.

마음에 뜨는 해와 달도 아마 그럴 것입니다.

○ 원기103년 10월 26일

지연된 정의

며칠 전, 일제 강제노역 피해자들이 대법원 승소 판결을 받았습니다. 소송 13년 만에 승소했고, 소송인 중 유일한 생존인 이춘식 옹은 94세의 나이입니다. 이런 경우를 '지연된 정의'라고 하더군요.

"지연된 정의는 정의가 아니다."

너무 늦었다는 것이지요. 지연된 그 시간 속에는 억울함과 상처와 큰 아픔이 남아 있기 때문입니다. 다 잃은 뒤에 받는 '미안하다'라는 사과와 보상은 그 긴 아픔을 치유하기엔 너무 미약합니다.

힘 있는 자가 정의의 가면을 쓰고, 힘없는 자는 정의의 버림을 받는 안타까운 현실이 있습니다. 강한 자에겐 불의를 덮고 감추려는 눈속임이 있고 약한 자에겐 정의를 억압하고 소홀히 하는 나쁜 법도 있습니다. 법이 정의를 세워야 하는데 오히려 약자들에게는 더 가혹합니다.

정의는 바로 세워져야 하고 불의에 맞서 정의는 승리해야 합니다. 왜 정의를 찾는 시간이 오래 걸릴까요? 불의가 정의보다 강할 때 생기는 현상입니다.

'지연된 정의!'
이미 지난 일이라고 포기하고 단념해야 할까요. 늦게라도 정의를 찾는 노력이 있어야 합니다. 왜냐하면, 또 다른 불의를 낳지 않기 위해서이죠.

정의가 없는 것보다는 지연이 되더라도 제자리를 찾아가는 노력이 필요하고, 그런 일을 하는 사람들에게 감사하고 또 그곳에서 우리는 희망을 보게 됩니다.

원불교의 작업취사는
"정의는 용맹 있게 취하고 불의는 용맹 있게 버리라."라고 말합니다.
사회적 정의뿐만 아니라 개인의 정의 또한 마찬가지입니다.

소태산 대종사께서는
"정당한 일이거든 죽기로써 하고, 부당한 일이거든 죽기로써 하지 말라."고 하셨습니다.

정의는 옳음이고 선한 행동이며,
불의는 그름이며 악한 행동입니다.

아직 부족한 공부심으로 나의 판단과 취사가 항상 정의를 향할 수는 없습니다. 옳음을 행하지 못하고 그름으로 가는 경우도 많습니다. 좀 늦더라도, 다시 하더라도, 정의를 실행하는 우리의 노력은 계속되어야 합니다.

나에게는 지연된 정의일지라도 소중합니다. 하고 또 하다 보면 언젠가는 될, 정의행을 위해서 말이죠. 늦음을 좀 더 빠르고 정확하게 하는 노력이 필요합니다.

○ 원기103년 11월 2일

쓰레기 비양심

요즘 제 눈에 거슬리는 것이 있습니다. 교당 골목에 쌓여가는 쓰레기 때문인데요. 날마다 쓰레기가 함부로 버려지고 그 위에 양심 또한 버려지는 모습입니다.

교당 주변은 재개발로 인해 한창 이주가 진행되고 있습니다. 빈집들이 늘어감에 따라 처리하기 곤란한 쓰레기들을 비양심으로 버리는 겁니다.
구청 청소과에서 무단 쓰레기들을 어느 정도 치우긴 하지만, 그 모양을 볼 때마다 '저 사람들은 양심도 없나.'라고 혼잣말로 푸념합니다.

쓰레기가 한번 버려지면 다음 사람은 아무런 죄책감 없이 그곳에 쓰레기를 버립니다.
'이곳에는 버려도 되는구나.'
'다른 사람도 버렸는데 나 하나 더 버린다고 어떻게 되겠어.'
이런 비양심의 마음이 쓰레기 더미를 만들어갑니다.

이렇게 버려진 비양심 쓰레기를 보면서 내 마음의 쓰레기를 생각해 봅니다. 나는 내 마음의 쓰레기를 잘 치우며 사는가? 함부로 아무 데나 버려서 남에게 피해를 주지는 않는가?

우리가 마음을 함부로 쓰다 보면 쓰레기 또한 많이 나올 수밖에 없습니다. 금방 처리될 마음의 쓰레기도 있지만 처리하기 힘든, 그래서 오래가는 쓰레기도 있을 것입니다.
그런 쓰레기들이 나올 때마다 바로 치우지 못하고 한쪽에 처박아 둔다거나 쌓인 곳에 계속 쌓아두면 악취가 나기도 합니다.

처리 안 된 그 마음을 다시 쓰자니 나 스스로 불편하고, 상대방에겐 불쾌감을 주고, 시간이 지남에 따라 처음 양심은 사라지고 아무렇지도 않게 또 무단으로 투척하게 됩니다.

맑고 깨끗한 우리 공부인의 양심에는 쓰레기가 없겠지요?
혹 누가 버린들 바로 정화가 되고 바로 청소가 되는 것이 우리의 양심[본래 마음]일 겁니다.

남이 힘들게 치워주는 쓰레기가 아니라, 나 스스로 쓰레기를 적게 내놓고 빨리 치우는 마음 청소부가 되어야겠습니다.

이제 곧 낙엽이 거리를 뒤덮을 것입니다.
아침 일찍, 거리의 청소부는 그 낙엽을 쓸겠지요.
애써 수고하시는 그분들의 손길에 감사의 마음을 가져 봅니다.

○ 원기103년 11월 9일

마지막 잎새 [The Last Leaf]

단풍이 지나가고 낙엽의 계절입니다. 나무는 무거운 옷을 남김없이 벗어냅니다. 비 온 뒤 세차게 부는 바람이 미련 없이 떨구라 말합니다.
나무와의 아쉬운 이별을 마친 뒤 흙과 뿌리로 향하는 비행은 가볍기만 합니다.

떨어지는 낙엽들을 보면서 오 헨리의 단편소설 『마지막 잎새[The Last Leaf]』가 떠올랐습니다.

폐렴에 걸린 존시는 2층에서 담쟁이넝쿨의 떨어지는 잎새들을 바라봅니다. 마지막 잎새가 떨어지면 자신도 죽을 거라 절망하면서 말이죠.
밤새 심한 비바람이 불면서 이제 마지막 남은 잎은 하나입니다. 그다음 날 밤에도 심한 비바람이 몰아쳤습니다. 그런데 담장에는 그 마지막 잎새가 그대로 남아 있습니다. 담장에 그대로 남아 있는 것을 본 존시는 기력을 되찾게 됩니다.

마지막 남은 잎은 아래층에 사는 원로 화가인 베어먼이 지난밤 비바람을 맞고 담장에 정밀하게 그려놓았던 겁니다. 그런데 베어먼은 밤새 맞은 비로 인해 폐렴에 걸리고 이틀 만에 죽고 맙니다.

그 마지막 잎새가 베어먼이 생전에 언젠가 그리겠다고 말했던 걸작이 되었습니다.

'마지막 잎새'

누군가에겐 절망의 잎새가 되고 또 어느 순간 희망의 잎새가 되기도 합니다.
작은 희망의 끈이라도 잡고 싶은 것이 나약한 인간의 마음입니다.

비바람에 떨어지는 잎새를 막을 수는 없습니다.
비우고 내려놓았을 때 자연의 순리로 받아들일 수 있습니다.
나무는 떨어지는 낙엽을 붙들려 하지 않습니다.

그래도 그 누군가에게 새로운 희망이 된다면 마지막 잎새를 담장에 그려주는 희생도 아름답게 보입니다. 굳이 걸작을 목적하지 않고 누군가를 아끼고 사랑하는 마음이면 충분합니다.

안도현 시인의 〈가을 엽서〉를 띠웁니다.

"한 잎 두 잎 나뭇잎이
낮은 곳으로
자꾸 내려앉습니다
세상에 나누어 줄 것이 많다는 듯이

나도 그대에게 무엇을 좀 나눠 주고 싶습니다

내가 가진 게 너무 없다고 할지라도
그대여
가을 저녁 한때
낙엽이 지거든 물어보십시오

사랑은 왜
낮은 곳에 있는지를"

○ 원기103년 11월 16일

기념일

오늘 교당에서는 열반기념제가 있었습니다. 열반기념제는 단순히 돌아가신 날을 기억하자는 것이 아니라 고인께서 베풀어주신 은혜와 사랑과 가르침을 되새기고 기리는 시간입니다.

기념일!
국가나 단체, 그리고 개인에 이르기까지 다양한 의미를 담은 기념일들이 있습니다.
국경일, 창립기념일, 생일, 결혼기념일….
부처님오신날, 크리스마스는 전 세계인들이 기념하는 종교 기념일이죠.

1년 365일!
매일 소중한 시간이지만 이 가운데 특별히 기억하고 간직하고 싶은 날들이 있습니다. 최소한 이날만이라도 기념하고 싶은 꼭 그런 날입니다.

순수했고
따뜻했고
고마웠고
사랑했던 그날이었습니다.

그 처음의 마음을 돌아봅니다.

매년 돌아오는 기념일, 바빠 챙기지 못하는 때도 있고 정성 다하지 못하는 미안함도 있습니다. 그래도 어김없이 또다시 기념일을 맞이합니다. 그래서 다시 또 챙겨봅니다.

원불교에서는 12월 1일에 '명절대재'가 있습니다. 전통적으로 이어져 오던 고유의 명절을 한데 모아 선조에게 합동향례를 올리며 감사와 보본報本의 정신을 기리는 기념일입니다.
올해는 교당 사정상 12월 2일(일)에 대재를 모시게 됩니다.

기념일!
이번에는 좀 더 새롭게 그 의미를 되새기고 기념해 봅니다.
함께하는 기념일이어야 뜻이 살아납니다.

○ 원기103년 11월 23일

희망 온돌

길가를 지나다가 '희망 온돌, 따뜻한 겨울나기 모금 운동' 플래카드를 봤습니다. 추운 겨울, 이웃과 따뜻한 정을 나누자는 것인데요. 함께 나누고 함께 누리는 세상을 만들기 위한 따뜻한 마음입니다.

요즘, 시골 고향집의 온돌방이 생각나는 계절입니다.
제 고향은 산골이라 눈도 많이 내리고 겨울도 길었습니다. 밖에서 추운 바람 맞고 놀다가 집에 들어오면 바로 이불 깔린 아랫목으로 갔던 기억이 있습니다. 언 손과 발을 녹이곤 했지요.

이문교당에도 따뜻한 사랑방이 있습니다.
심야전기로 바닥이 데워지는 시스템인데 이불을 깔아 두면 방바닥이 철철 끓습니다. 법회 후에는 어르신들의 따뜻한 사랑방이 됩니다. 댁으로 가실 때는 '저 뜨끈한 방바닥이 아까워서 어떻게 하냐?'라고 하실 정도입니다.

세상이 '희망 온돌'을 필요로 합니다.
주변에 어려운 분들이 많습니다. 그분들이 희망을 잃지 않고 희망의 온돌에서 언 몸을 녹이고 그 온기로 새로운 희망을 만들어가면 좋겠습니다. 물론 우리가 모두 희망의 온돌을 따뜻하게 데워야겠지요.

따뜻한 마음을 가진 사람만이 희망의 온돌이 될 수 있습니다.
따뜻한 말 한마디에도 온기는 전달됩니다.

내가 바로 그 희망의 온돌이 되길 소망합니다.

○ 원기103년 11월 30일

하나를 얻으면 하나를 잃는다 [一得一失]

어느 선배 교무님의 글을 읽었습니다.
"하나를 잃으면 하나를 얻는다."
이를 바꾸어 보면
"하나를 얻으면 하나를 잃는다."가 되겠지요.

우리 인생을 달관의 경지에서 바라볼 수 있는 삶의 지혜라 생각해 봅니다.

하나를 얻으면 다른 하나를 잃고, 하나를 잃으면 다른 하나를 얻는 게 인생입니다. 그래서 얻었다고 마냥 좋아할 것도, 잃었다고 마냥 슬퍼할 일도 아닙니다.
얻었을 때 자만하지 말고 잃었을 때를 생각하여 더욱 겸손해야 합니다. 잃었을 때 낙담하지 말고 얻었을 때의 감사를 생각하고, 다시 얻을 희망을 만들어가는 것이 중요하겠지요.

그런데, 문제는 '무엇을 얻고 무엇을 잃을 것인가'라는 것입니다. 얻는 것이 다 좋은 것은 아니고 잃는다고 다 슬픈 것은 아닙니다.

보통 사람들은 얻었을 때 이롭다고 말하고, 잃었을 때 해롭다고 합니다. 채웠을 때 좋아하고 비웠을 때 아쉬워합니다. 그런데 오히려 얻었을 때 걱정이 되고 잃었을 때 가벼워지기도 합니다. 얻었을 때 욕심을 부려 화를 불러오고 잃었을 때 작지만 확실한 행복을 찾기도 합니다.

물질이 아닌 우리 마음의 세계는 욕심을 채웠을 때 더 불안하고 힘들고, 욕심을 비웠을 때 한가하고 풍요로워집니다. 얻는 것도 잃는 것도 다 욕심에 따라 변합니다.

얻을 것도 잃을 것도 없는 그 자리!
얻었다고 할 것도 없고, 잃었다고 할 것도 없는 변함없이 항상 여여한 그 자리!

꼭 얻어야 할 것!!!
반드시 잃어야 할 것!!!

지금 당신의 상태는 어떠하십니까?
얻으셨습니까?
아니면 잃으셨습니까?

얻어지면 또 잃게 되고 잃어야 또 얻게 됩니다.
주기 전에 먼저 빼앗고 빼앗은 뒤 준다고 했습니다.

'하나를 잃으면 하나를 얻는다.'

'하나를 얻으면 하나를 잃는다.'

당신은 무엇을 얻고 무엇을 잃으시겠습니까?
당신은 무엇을 잃고 무엇을 얻으시겠습니까?

○ 원기103년 12월 7일

시기하는 마음

우리 마음에 못된 마음 하나가 바로 시기심猜忌心입니다. 시기심은 '남이 잘되는 것을 샘하여 미워하는 마음'인데요. 남이 잘되는 꼴을 못 보고, 배가 아픈 때도 있습니다. 부러워만 하는 것이 아니라 미워하고 해코지하는 악한 마음으로 발전하기도 합니다.

시기하는 마음은 가까운 사람한테 더 느끼는 것 같아요. 나와 상관없는 사람이 잘되는 것은 내 알 바 아니지요. 문제는, 나와 가까운 사람들에게서 느끼는 상대적 박탈감과 상실감입니다.

친구가 멋진 외제 차를 사고, 친구 아들은 좋은 대학 들어가고, 친구는 직장에서 고속 승진하고, 직장 동료는 새 아파트를 사서 이사를 하고, 옆집 가게는 장사가 너무 잘되는 것을 보노라면⋯.

이렇게 남이 잘되는 것을 보면 부러운 마음이 생기는 것은 당연합니다. "부러우면 지는 거다."라는 말도 있는데요. 겉으로는 축하의 말을 건네지만, 마음속에선 부러움과 더불어 시기심이 나도 몰래 올라옵니다. '나는 왜 이렇게 부족하고 못났지'라고 자학하기도 합니다.

저도 시기심이 없다고는 말 못 하겠는데요. 표현을 안 해서 그렇지 어쩌다 가끔은 누군가를 시기하는 마음이 올라오더라고요. 확실한 건, 그 대상이 같은 부류라는 겁니다. 교무도 교무를 시기할 수 있다는 거죠.

그런 시기심이 올라올 때면 나도 모르게 상대방의 작은 꼬투리부터 찾으려고 합니다. 그러면서 '지가 실력으로 그랬겠어. 무슨 배경이나, 술수로 그랬겠지.'라는 부정적인 음해성 생각을 하기도 하고 남을 원망하거나 운이 없었다고 탓하기도 합니다. 나의 능력이 부족함은 감춘 채 말이죠.

시기심이 일어나는 가장 큰 원인은 소망하는 것이 채워지지 않는 데 있습니다. 내가 소유하지 못한 것을 다른 사람이 갖고 있을 때, 나아가 그것을 나도 갖고 싶을 때 우리는 시기심을 느끼게 됩니다.

결국 시기심은 더 가지려는 나의 욕심과 부족한 자기 능력을 감추려는 마음에서 오는 것 같습니다. 또한 시기심은 남과 비교함으로 인한 열등감에서 오죠.

시기심을 꼭 나쁘다고 볼 수는 없습니다. 성취하려는 마음과 자신의 존재를 확인하고자 하는 긍정적 측면도 있습니다. 즉, 목표를 성취하고 사신을 게빌하며 자기 삶을 풍요롭게 만들고 싶다는 동기가 생겨난다는 것입니다.

버트런드 러셀은 자신의 책 『행복의 정복』에서 "현명한 사람은 누군가 가지고 있는 어떤 것 때문에 자기 즐거움을 망치지 않는다."라고 말했습니다.

지금, 이 순간의 기쁨을 놓치지 않기 위해서는 다른 사람을 바라보는 시선을 자기 자신에게도 돌려야 합니다. 스스로 만족하고 자신과 다른 사람을 각각 다른 존재로 인정하고 내버려둘 때 시기심은 차츰 사라질 것입니다.

욕망이 아닌 소망을 이루고자 하는 향상심은 놓지 마시고요.

○ 원기103년 12월 14일

아니해야 할 말

세상을 살면서 말을 안 하고 살 수는 없습니다. 말은 꼭 해야 할 말이 있고, 아니해야 할 말이 있습니다. 말이 많으면 실수하게 되고 너무 말이 없으면 답답하게 느껴집니다.

아니해야 할 말!

'이런 말, 해도 될지 몰라.' 이렇게 말을 꺼내면서 시작하죠. 그래도 생각해 보고 말한다는 것이고 확신이 서지 않는다는 뜻도 되죠. 사실, 이런 생각이 들 때는 말을 하지 않아야 정답입니다. 굳이 안 해도 될 말을, 심지어 꾸며서 하기도 합니다.

저는 말할 때, 되도록 말의 검문소를 거치려고 노력합니다. '이 말이 해야 할 말인가, 안 해도 될 말인가.' 잠시만 생각해도 거르는 말들이 많습니다. 확신이 안 설 때는 몇 번이나 혼자 속으로 되뇌어 봅니다. '이 말, 내가 안 하면 안 돼?'

말은 아니해야 할 말이 있고, 아니해야 할 때가 있습니다. 안 해야 하는데 하면 후회를 하게 되죠. 그런데, 그 당시는 말의 유혹에 빠지게 됩니다.

그러면 어떤 말이 아니해야 할 말일까요?
극단적인 말은 되도록 안 해야 합니다. 모든 것은 변하므로 말에 여유를 둘 필요가 있습니다.
상스러운 말과 욕된 말은 안 해야 합니다. 말의 품위는 상대방과 나에 대한 존중입니다.
남과 비밀로 약속한 것은 말하지 않아야 합니다. 그 사람의 모든 것이 걸려 있을 수 있습니다.
마음이 요란할 때는 말을 안 해야 합니다. 아무리 옳은 말이라도 말에 감정이 실리기 때문입니다.

소태산 대종사님께서는
"말 한마디 하는 데에도 공부가 있나니,
아니할 말을 하거나 정도에 벗어난 말을 하면 재앙이 따라붙기 쉽다."라고 하셨습니다.
말에 죄와 복의 문이 열리기도 하고, 닫히기도 합니다.

이제, 또 다른 물음을 던져 봅니다.

"꼭 해야 할 말은 무엇일까요?"

○ 원기103년 12월 21일

나에게 이야기하기

2018년, 한 해가 저물어 갑니다.
가는 것이 오는 것이고, 끝은 새로운 시작입니다.

이어령 교수의 〈나에게 이야기하기〉라는 글에 공감되어 함께 나누고자 합니다.

"너무 잘하려 하지 말라 하네
이미 살고 있음이 이긴 것이므로

너무 슬퍼하지 말라 하네
삶은 슬픔도 아름다운 기억으로 돌려주므로

너무 고집부리지 말라 하네
사람의 마음과 생각은 늘 변하는 것이므로

너무 욕심부리지 말라 하네
사람이 살아가는 데 그다지 많은 것이 필요치 않으므로

너무 연연해하지 말라 하네
죽을 것 같던 사람이 간 자리에 또 소중한 사람이 오므로

너무 미안해하지 말라 하네
우리는 모두 누구나 실수하는 불완전한 존재이므로

너무 뒤돌아보지 말라 하네
지나간 날보다 앞으로 살 날이 더 의미 있으므로

너무 받으려 하지 말라 하네
살다 보면 주는 것이 받는 것보다 기쁘므로

너무 조급해하지 말라 하네
천천히 가도 얼마든지 먼저 도착할 수 있으므로

죽도록 온 존재로 사랑하라 하네
우리가 세상에 온 이유는 사랑하기 위함이므로."

2018년을 보내면서
나에게 꼭 하고 싶은 말은 무엇일까?

부족한 건 많지만, 그래도 이만큼 했으면 잘한 것이다.
미워할 것도 원망할 것도 없다. 다 내가 짓고 받은 것이다.
다시 새로운 희망이다. 그래서 감사하자.

○ 원기103년 12월 28일

"내 삶에 감사합니다."

원만이의 편지 _ 2

해가 지니
달이 뜨네

초판 1쇄 인쇄	2024년 10월 1일
초판 1쇄 발행	2024년 10월 13일

지은이	박덕희
교정·교열	천지은·박정범
펴낸곳	도서출판 동남풍
펴낸이	주영삼
출판등록	제1991-000001호(1991년 5월 18일)
주소	54536 전북특별자치도 익산시 익산대로 501
전화	063)854-0784
팩스	063)852-0784
홈페이지	www.wonbook.co.kr
인쇄	문덕인쇄

ISBN 978-89-6288-055-7(03800)
값 18,000원

잘못 만들어진 책은 구입처나 본사에서 교환해 드립니다.